초등학생 때 배워
평생 써먹는
시간 관리법

단단한 어린이가 되는 주니어 자기계발 시리즈 ③

초등학생 때 배워 평생 써먹는
시간 관리법

박은교 글 | 송향란 그림

비케주니어

`작가의 말`

꿈이 이루어지는
신기한 시간 관리법

   어릴 적 새 학기가 시작되거나 방학이 되면 커다란 도화지를 꺼내 '생활 계획표'를 만들었어요. 새롭게 시작하는 한 학기를 어느 때보다 알차게 보내고 싶었거든요. 또 긴 방학 동안에는 하고 싶은 일이 많아서 더욱 욕심내 계획을 짜기도 했답니다. 일찍 일어나기, 공부하기, 운동하기, 책 읽기, 만들기 등 할 일을 세세히 적은 생활 계획표를 만들어 책상 앞에 꼭 붙여 두었지요.
   그런데 막상 며칠 지나고 나면 생활 계획표를 제대로 지키기가 힘들었어요. 늦잠을 자기도 하고, 공부를 하거나 책을 읽으려고 했던 시간은 텔레비전을 보느라 어느새 훌쩍 지나가 버리기도 했지요. 그러다 보면 내 자신이 한없이 부끄러워

지곤 했어요.

혹시 여러분도 이런 경험이 있나요? 사람은 누구나 시간을 아끼고 잘 사용하고 싶어 해요. 하지만 이를 실천하는 것은 생각보다 쉬운 일이 아니에요. 그래서 시간 관리는 습관처럼 천천히 오랫동안 몸에 익히는 게 좋답니다.

이 책에는 시간을 잘 관리한 아홉 명의 이야기가 담겨 있어요. 이들에게는 특별한 점이 있는데, 바로 자신에게 맞는 방법으로 시간을 관리했다는 거예요. 프랭클린은 수첩에 꼼꼼하게 기록했고, 류비셰프는 자투리 시간을 모았어요. 빌 게이츠는 아침 시간을 잘 이용했고, 에디슨은 집중력을 키워 똑같은 시간을 몇 배로 활용했지요. 또 낮잠이 시간 관리 비법이었던 처칠도 있어요.

시간 관리를 잘 하는 것은 여러분이 세운 목표와 꿈으로 부지런히 향해 가는 지름길이기도 하답니다. 독자 여러분 모두 자기에게 잘 맞는 시간 관리법으로 목표를 이루길 바랄게요.

박은교

작가의 말 • 4

규칙적인 게 훨씬 편해
시계보다 더 정확하게 시간을 지킨 **이마누엘 칸트** • 8

시간 관리법 ❶ 매일 규칙적으로 생활하기 • 18

시간을 아껴 주는 신비한 수첩
자신만의 수첩으로 시간을 관리한 **벤저민 프랭클린** • 20

시간 관리법 ❷ 24시간을 금처럼 여기기 • 30

시간을 기록하는 습관
하루 시간을 몽땅 기록했던 **피터 드러커** • 32

시간 관리법 ❸ 머릿속 시간과 실제 시간 기록하기 • 46

자투리 시간을 모으는 일기장
많은 일을 하면서도 늘 여유로웠던 **알렉산드르 류비셰프** • 48

시간 관리법 ❹ 숨어 있는 시간 찾아보기 • 60

조용한 새벽 시간이 좋아

남들보다 일찍 일어나 꿈을 이룬 **빌 게이츠** · 62

시간 관리법 ❺ 아침 시간 활용하기 · 74

한 번에 한 가지 일에 집중해

하루 스무 시간 집중했던 **토머스 에디슨** · 76

시간 관리법 ❻ 딱 한 가지에 집중하기 · 90

건강을 지켜 주는 휴식 시간

낮잠 덕분에 열정적으로 일할 수 있었던 **윈스턴 처칠** · 92

시간 관리법 ❼ 적절히 휴식하기 · 104

5분의 소중함

5분조차 아끼려고 넥타이도 매지 않았던 **공병우** · 106

시간 관리법 ❽ 짧은 시간 활용하기 · 116

지금 이 순간을 충실하게

걱정하는 시간을 노력하는 시간으로 바꾼 **데일 카네기** · 118

시간 관리법 ❾ 오늘 하루에 충실하기 · 130

부록 시간의 중요성에 대한 명언 · 132

부록 시간을 관리하는 10년·1년·하루 계획표 만들기 · 135

규칙적인 게 훨씬 편해

시계보다 더 정확하게
시간을 지킨 **이마누엘 칸트**

이마누엘 칸트(Immanuel Kant, 1724~1804)
독일의 철학자. 쾨니히스베르크 대학교에서 신학을 공부하다 나중에 철학으로 진로를 바꾸었다. 아버지가 세상을 떠난 뒤에는 가난한 형편에 더 이상 학교를 다닐 수 없어 9년 동안 가정 교사로 일했다. 틈틈이 논문을 쓰면서 46세 때 마침내 쾨니히스베르크 대학교의 교수가 되었다. 57세 때에는 서양 철학의 고전이라고 부르는 《순수 이성 비판》을 출간했다.

    오후 3시 15분, 봄바람이 불어오는 창문 앞 책상에 앉아 있던 칸트가 펜을 필통에 꽂고 자리에서 일어났어요.

"산책을 나갈 시간이군."

    그리고 5분 뒤, 외투를 걸친 칸트는 등나무 지팡이를 들고 밖으로 나갔어요. 생각에 잠긴 칸트가 보리수가 서 있는 작은 길로 들어섰을 때는 3시 25분이었지요. 요란하게 장식된 시계방 앞을 지날 때는 시계방 안에 걸려 있는 커다란 괘종시계가 30분을 알리며 크게 한 번 울렸어요.

"어머, 벌써 3시 30분이야. 저기 봐. 오늘도 칸트 씨가 시계방 앞을 지나가네. 정말 시계보다 더 정확하다니까. 글쎄, 비가 많이 퍼붓는 날에도 정확하게 같은 시간에 지나가더라고!"

"마을 사람들이 그러는데, 산책뿐 아니라 다른 일들도 모

두 시간을 정해서 규칙적으로 한대."

"결혼도 안 하고 혼자 산다던데, 성격이 좀 이상한 괴짜 양반 아닐까요?"

채소 가게 앞에 모인 아주머니들이 칸트를 보며 수군거렸어요. 마을 사람들은 이렇게 모이기만 하면 칸트의 독특한 생활 습관을 서로 이야기했어요. 160센티미터도 안 되는 작은 키에 말수도 별로 없는 독신의 철학자가 정말 신기했거든요.

또 이런 일도 있었어요.

"엄마, 3시 30분이에요. 그런데 칸트 아저씨가 안 보여요. 오늘은 아프셔서 못 나오시나 봐요."

마을에 사는 아이 톰이 창밖을 내다보며 말했어요. 그러자 세탁실에 있던 어머니가 아무렇지 않은 듯 이렇게 대답했어요.

"얘야, 시계가 잘못되었나 보다. 요즘 그 시계가 좀 이상하더라. 이따 칸트 아저씨가 지나가시면 3시 30분으로 시계를 맞춰 놓으렴."

이처럼 칸트는 매일 오후 3시 30분이 되면 어김없이 시계방 앞에 모습

을 드러냈어요. 마을 사람들이 칸트를 보고 시간을 맞출 정도로 정확했지요.

철학사를 통틀어 가장 위대한 철학자로 꼽히는 이마누엘 칸트는 지금의 러시아 땅인 프로이센에서 태어났어요. 아버지는 가죽 공방을 했는데, 집안 형편이 매우 어려웠답니다. 얼마나 가난했는지 자식들 열한 명 중 어른이 될 때까지 살아남은 자식은 단 네 명뿐이었어요.

이처럼 가난한 살림에 칸트는 매우 어렵게 공부를 했지요. 쾨니히스베르크 대학 시절에는 칸트의 남루한 옷을 보다 못한 친구들이 자신이 입던 옷을 칸트에게 가져다주기도 했을 정도였어요. 그러나 칸트의 실력은 신학, 철학뿐

> 오전 5시 30분 일어나기, 산책
>   6시 학교 공부 예습
>   7시 아침 식사
>   8시 ~ 오후 2시 학교 수업
> 오후 3시 ~ 5시 집에 와 씻고 학교 공부 복습
>   6시 어머니 심부름과 저녁 식사
>   7시 아버지 가죽 세공 돕기
>   9시 책 읽기와 일기 쓰기
> 밤   10시 잠자리에 들기

아니라 수학 등 자연 과학에 이르기까지 매우 깊고 뛰어났기 때문에 아무도 그가 가난하다고 비웃지 못했답니다.

칸트가 초등학교에 들어간 지 얼마 되지 않았을 때였어요.

어느 날 칸트가 아버지에게 종이 한 장을 내밀었어요. 거기에는 아침부터 저녁까지 할 일이 시간별로 빼곡히 적혀 있었지요.

"아버지, 이제부터 집에서도 학교에서처럼 이렇게 계획표를 짜 놓고 생활하려고 해요."

아버지가 자세히 살펴보니 공부 시간이 가장 많았어요.

"너는 지금도 충분히 공부하고 있으니 너무 무리할 거 없

다. 게다가 다른 아이들보다 몸도 약하잖니. 친구들과 노는 시간도 넉넉히 계획하렴.”

"전 공부하는 게 더 좋은걸요. 읽고 싶은 책도 아주 많고요. 공부든 다른 일이든 한꺼번에 몰아서 하는 것보다 계획을 세워서 차근차근하는 게 몸이 약한 저에게는 더 좋을 거예요."

"네 생각이 정 그렇다면 그렇게 하려무나. 하지만 힘들면 곧 그만두겠다고 약속하렴."

아버지는 늘 공부에만 매달리는 칸트가 안쓰러웠지만 한편으로는 기특해서 더 말리지 못했어요.

'분명히 며칠 해 보고 힘들면 생각이 달라질 거야.'

그러나 아버지의 이런 생각과는 달리 칸트는 다음 날부터 계획표에 맞추어 생활하기 시작해서, 거의 하루도 시간을 어기지 않았어요.

"여보, 아무래도 우리가 아들 하나는 잘 키운 것 같소."

아버지는 책상에서 공부하는 칸트의 뒷모습을 흐뭇하게 바라보았어요.

"맞아요. 어릴 때는 몸이 너무 약해서 걱정이 많았는데……."

어머니 역시 가난한 환경에서도 공부를 포기하지 않는 칸트가 대견스러웠어요.

그렇게 자라난 칸트는 평생을 규칙적으로 생활했어요. 일어나는 시간, 차 마시는 시간, 책 쓰기, 강의, 식사와 산책 등 모든 일에 시간을 정해 두었지요.

그중에서도 칸트의 산책은 가장 유명해요. 칸트가 정해진 시간에 산책하는 것을 잊어버린 것은 평생에 단 한 번이었어요. 루소(프랑스의 작가·사상가)의 《에밀》이라는 책을 읽을 때였지요. 책이 너무 재미있어서 산책 시간을 깜빡 놓쳤다고 해요.

칸트는 매일 새벽 5시 30분이면 일어나 책을 읽고, 강의 준비를 하고, 낮에는 학생들을 가르쳤어요. 집으로 돌아와서도 항상 책을 읽고 논문을 썼지요. 그리고 밤 10시가 되면 반드시 잠자리에 들었어요. 그래서 다음 날 새벽에 또 일찍 일어날 수 있었지요.

칸트는 여느 철학자들과는 달리 여행을 떠나지도 않았고, 사람들과 사귀는 데 시간을 쓰지도 않았어요. 밥도 하루에 한 끼만 먹었다고 해요. 평생 고향을 떠나지 않고 조용히 혼자 살며 연구를 계속했지요.

　사실 칸트는 태어날 때부터 몸이 아주 약해 의사들은 칸트가 마흔 살 넘게는 살지 못할 거라고 했어요. 그러나 평생 동안의 규칙적인 생활과 철저한 자기 관리 덕분인지 칸트는 의사가 예상한 나이의 정확히 두 배인 80세까지 살 수 있었답니다.

　칸트의 규칙적인 생활 습관과 자기 관리는 그가 죽기 바로 전까지도 여전했어요. 칸트는 포도주를 아주 좋아했는데, 한 번에 많이 마시지 않으려고 항상 일정한 양을 정해 놓고 마셨어요. 죽음을 앞두었을 때 칸트는 하인에게 포도주 한 잔을 부탁했지요. 그러자 이를 본 친척들은 칸트가 좋아하는 포도주를 듬뿍 가져왔어요.

　"이보게 칸트, 자네가 좋아하는 포도주야. 평생 규칙대로

사느라 마음껏 마시지 못했으니 마지막으로 원하는 대로 마시게나."

그러나 칸트는 고개를 저었어요.

"죽음을 앞두었다고 내가 평생 정한 규칙을 어길 수는 없네."

이토록 철저하게 자신의 시간을 관리한 칸트였기에 세계적인 학자가 될 수 있었어요. 1781년에 발표한 칸트의 《순수 이성 비판》은 '철학사의 흐름을 바꾸어 놓았다.'라고 평가받을 만큼 서양 철학에 큰 영향을 끼친 책이었지요. 칸트가 세상을 떠났을 때 독일 국민들은 최고의 철학가를 잃었다며 크게 슬퍼했답니다.

매일 규칙적으로 생활하기

🧑 하루 생활 계획표 짜기

하루 생활 계획표를 만들어 보세요. 처음에는 간단하게 만들고 익숙해지면 더 자세하게 계획을 세우는 거예요. 계획표를 만들면 자기도 모르게 낭비하는 시간이 많다는 걸 알게 되지요. 쉽게 흘려 보낼 수 있는 주말 아침 시간의 계획을 세워 봐도 좋아요.

계획표처럼 규칙적으로 생활하는 게 처음에는 조금 힘들어

도 시간이 지나면 습관이 될 거예요. 그리고 1년이 지날 즈음이면 작년과는 확실히 달라진 나를 발견할 수 있겠지요.

나의 미래 상상하기

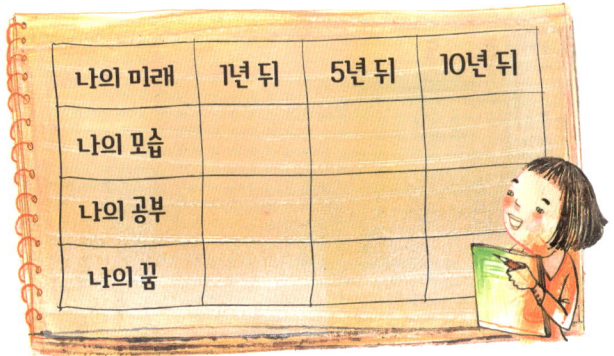

매일매일은 비슷한 것 같지만 5년 뒤, 10년 뒤를 계획해 보면 오늘 하루가 더욱 소중하게 느껴질 거예요. 5년 뒤면 여러분은 중학생이나 고등학생, 10년 뒤면 대학생이 되어 있겠지요?

커다란 종이에 지금부터 1년 뒤, 2년 뒤, 5년 뒤의 모습을 상상해 적어 보세요. 어떤 사람이 되고 싶은지, 어떤 공부를 하고 싶은지, 어떻게 살아가고 싶은지 적어 보면 미래를 위해 지금 어떤 계획을 세워야 하는지도 알게 될 거예요.

시간을 아껴 주는 신비한 수첩

자신만의 수첩으로 시간을 관리한
벤저민 프랭클린

벤저민 프랭클린(Benjamin Franklin, 1706~1790)
정치가, 외교관, 과학자, 작가. 가난한 집안 형편 때문에 학교를 2년 정도 다니다 그만두고, 형의 인쇄소에서 일했다. 나중에는 직접 인쇄소를 차려 성공했으며, 미국 최초로 도서관과 소방서 등을 세웠다. 과학에도 탁월한 재능을 보여 난로와 피뢰침을 발명했다. 또 정치가로도 활동하면서 미국 독립 선언서를 만드는 데도 참여했다.

오늘따라 서점이 손님들로 더욱 북적였어요. 바로 벤저민 프랭클린의 형이 운영하는 인쇄소와 함께 있는 서점이었지요. 마침 인쇄소에서 새로 책이 나온 터라 그 책을 보려고 온 손님들이 가득했어요. 덕분에 책 정리를 하는 벤저민의 이마에도 땀방울이 송글송글 맺혔지요.

그때 어느 손님이 책 한 권을 들고 다가와 벤저민에게 물었어요.

"이 책값이 얼마인가요?"

"네, 손님. 1달러입니다."

벤저민은 친절하게 대답했어요. 하지만 손님은 고민했어요.

'생각보다 좀 비싼걸. 비슷한 다른 책이 있는지 찾아봐야겠어.'

　손님은 다시 책꽂이로 가더니 한참 만에 다시 같은 책을 들고 다가왔어요.
　"이것과 비슷한 다른 책이 없군요. 이 책으로 살게요. 아까 이 책값이 1달러라고 했죠?"
　"손님. 이 책값은 이제 1달러 30센트입니다."
　"뭐라고요? 좀 전에 책을 가져왔을 때는 1달러라고 했잖아요. 그런데 갑자기 30센트나 올리다니……. 이런 법이 어디 있어요?"
　손님의 목소리가 높아졌어요. 하지만 벤저민은 미소를 지었지요.
　"손님. 시간은 돈입니다. 손님이 같은 책값을 두 번이나 물어보는 바람에 저는 책을 정리할 시간을 낭비하고 말았지요. 그래서 30센트를 더 붙인 것입니다."
　그러자 손님은 더 이상 아무 말도 할 수가 없었답니다.
　미국인들이 가장 존경하는 인물로 꼽는 벤저민 프랭클린은 미국 보스턴의 한 가정에서 열일곱 남매 중 열다섯째

로 태어났어요. 어릴 적 벤저민의 집은 무척 가난했지요. 게다가 형제자매가 그렇게 많았으니, 벤저민의 부모님은 아무리 열심히 일해도 자식들을 풍요로운 환경에서 키울 수 없었어요. 그래서 벤저민은 학교를 겨우 2년밖에 다니지 못했어요.

그러나 그렇게 가난하게 자라난 벤저민이 평생 동안 이룬 업적은 열 사람의 몫이 더 넘어요. 벤저민은 미국에 처음으로 도서관과 소방서를 세우고, 대학교를 설립했어요. 우편 제도도 만들고 피뢰침과 전기 인쇄기, 하모니카를 비롯해 생활을 편리하게 해 주는 여러 가지 물건도 발명했지요. 나중에는 정치에 뛰어들어 미국 독립 선언서를 만드는 데도 큰 역할을 했답니다.

벤저민 프랭클린은 어떻게 이 많은 일을 혼자 다 해낼 수 있었을까요?

힘든 인쇄소 일을 마치고, 늦은 밤 집으로 돌아온 벤저민은 침대에 쓰러지고 싶은 마음이 굴뚝 같았지만 책상으로 향했어요. 그러고는 책상에 꽂혀 있던 수첩을 꺼냈어요. 수첩은 오래된 듯 가장자리가 낡아 있었지요.

'오늘을 반성해 보자. 생각해 보니 직원들을 너무 심하게 야단쳤어. 좀 더 따뜻하게 말할걸……. 그리고 새 구두를 산 건 너무 급하게 결정한 일 같아. 신던 것을 몇 달 더 신어도 되었을 텐데 말이야. 아, 오늘도 지키지 못한 덕목이 많구나.'

수첩에는 벤저민이 꼭 지켜야겠다고 생각한 덕목이 날짜별로 빼곡히 적혀 있었어요.

	절제	절약	정의	중용	침착	겸손
어제			•		•	•
오늘	•	•				

벤저민은 오늘 잘 지키지 못한 덕목인 절제와 절약에 검은 점을 찍었어요. 어제 것에는 정의와 침착, 겸손에 점이 찍혀 있었지요. 그리고 지난주 것에는 온통 검은 점이었어요.

'휴, 하루도 완벽하게 다 지킨 날이 없구나. 이 수첩을 보고 있자니 정말 부끄러워.'

수첩을 덮은 벤저민은 부끄러운 마음에 잠시 생각에 잠겨 먼 곳을 바라보았어요. 하지만 곧 마음을 바꿨지요.

'그래. 그래도 수첩을 쓰지 않던 옛날보다는 훨씬 나아졌잖아. 이렇게 조금 더 연습하면 곧 수첩에 표시할 게 없어질 거야. 노력한다는 건 좋은 일이지.'

벤저민은 미소를 지으며 수첩을 책꽂이에 꽂았어요.

몹시 가난한 시절을 보내면서도 벤저민은 이토록 철저하게 자신의 행동을 관리했어요. 또 시간을 금쪽같이 아껴 썼지요. 그래서 42세가 되었을 때는 여러 가지 분야

의 일을 혼자서 다 해낼 수 있었어요.
 벤저민은 언제나 새벽 5시에 일어나 근처의 강에서 운동을 했어요. 돌아와서는 2시간 정도 공부를 했지요. 벤저민은 이 시간에 프랑스어, 이탈리아어, 에스파냐어, 라틴어

등을 공부했기 때문에 학교를 2년밖에 다니지 않았는데도 외국어를 아주 잘 했답니다. 오전 8시에는 인쇄소로 가서 일을 했어요. 점심을 먹은 다음에는 잠시 책을 읽고, 오후 2시면 다시 인쇄소로 돌아가서 일을 했어요.

저녁에는 친구들을 만나고 음악을 듣기도 했지요. 그리고 매일 적어도 1시간은 하루를 돌아보고 반성하는 시간을 가졌어요. 아무리 바쁘거나 피곤하더라도요. 또 밤 10시에는 항상 잠자리에 들었지요.

벤저민이 이처럼 규칙적으로 생활하며 성실히 일했기 때문에 인쇄소는 잘 돌아갔어요. 나중에 인쇄소는 벤저민이 더 이상 일을 하지 않아도 될 정도로 성공했지요. 하지만 그렇다고 벤저민은 게을러지지 않았어요. 어떻게 하면 더 좋은 제품을 새로 만들 수 있을까 더욱 고민했지요.

또한 자신만을 위해 일하는 게 아니라 다른 사람들과 사회에 기여하는 방법도 생각했어요. 그래서 도서관과 대학교를 세우고 여러 가지 물건도 발명하게 되었지요. 사람들은 이런 벤저민을 존경하게 되었고, 그는 마침내 사업가에서 발명가로, 다시 정치인으로 성공할 수 있었답니다.

벤저민은 나이가 든 다음, 자신이 살아온 삶을 정리한 자서전을 냈어요. 그는 그 책에서 자신이 평생 동안 실천해 온 열세 가지 덕목을 자세히 소개했답니다.

'나는 50년 넘게 내 수첩에 여러 가지 덕목을 기록해 두고, 각각의 덕목을 실천했는가 하지 못했는가를 확인했다. 그리고 매주 그 덕목 중 한 가지씩을 골라 반드시 실천하려고 노력했다. 내가 항상 행복한 인생을 살 수 있었던 것은 이 수첩 덕분이었다. 이 방법을 후손들에게도 알려 주고 싶다.'

24시간을 금처럼 여기기

목표를 정하고 실천 점수 매기기

어영부영 흘려보내는 시간을 모은다면 많은 일을 할 수 있어요. 먼저 앞으로 여러분이 어떤 사람이 되고 싶은지 수첩에 적어 보세요.

또 그 목표를 이루기 위해 시간을 얼마나 절약하고, 그 시

나의 목표
우리 반에서 운동을 제일 잘하고 싶다!

실천 방법
하루에 줄넘기 50개 하기
군것질하지 않고 편식하지 않기

오늘의 내 점수는?

간 동안 구체적으로 무엇을 해야 할지 항목을 만들어 점수를 매기는 거예요. 처음에는 점수가 형편없을지 모르지만 시간이 지나면 분명 나아질 거예요!

오늘 한 일과 내일 할 일 적기

수첩을 하나 더 만들어서 오늘 한 일과 내일 할 일을 적는 습관을 들여 보세요. 적을 때는 시간까지 정확히 쓰는 거예요. 이렇게 매일매일 적으면 습관이 되어 시간을 낭비하지 않게 되지요.

피터 퍼디낸드 드러커(Peter Ferdinand Drucker, 1909~2005)
작가, 경영학자. 오스트리아 빈에서 태어났으며, 아버지는 공무원이었고 어머니는 의사였다. 영국과 미국에서 경제 분석가로 활동했으며 사회, 정치 분야에서까지 두루 뛰어난 학자로 인정받았다. 《새로운 사회》, 《21세기 지식 경영》, 《피터 드러커의 자기 경영 노트》 등 그가 쓴 30여 권의 책들은 여러 나라 언어로 번역되어 사랑받았다.

　미국의 유명한 경영학자인 피터 드러커가 경제 분석가로 일할 때였어요. 어느 날 피터 드러커에게 어느 큰 기업의 회장이 찾아왔지요.
　"반갑습니다. 어떻게 오셨습니까?"
　"상담을 받으려고요. 제가 큰 기업을 경영하다 보니 늘 시간이 부족하군요. 시간을 효율적으로 쓰는 방법을 알고 싶습니다."
　의자에 앉은 회장은 피곤한 듯 넥타이를 느슨하게 풀며 말했어요.
　"그러시군요. 그럼 회장님은 혹시 하루의 시간을 어떤 일에 어떻게 나누어서 쓰고 있는지 알고 계신가요?"
　"그럼요. 하루의 3분의 1은 회사 간부들과 회의를 하고, 또 3분의 1은 중요한 고객들을 만나고, 나머지 3분의 1은

지역 사회 활동을 하는 데에 쓰고 있답니다."
회장은 또박또박 자신 있게 대답했어요.
"네. 정말 정확하게 알고 계시는군요."
"그럼요. 전 기억력이 아주 좋답니다."
"그렇다면 회장님이 생각하고 있는 시간과 실제로 쓰는 시간이 얼마나 차이가 있는지 직접 기록을 해 보는 게 좋겠어요. 몇 주일에서 몇 달 동안 기록을 해 보시고 가져오세요. 그 뒤에 다시 이야기를 나누지요."

피터 드러커는 미소를 지으며 말했어요.

"그렇게까지 오래요? 전 시간이 없는데……. 다른 방법은 없을까요?"

회장은 불만스런 표정으로 물었어요.

"네. 불편하시더라도 얼마간만 꼼꼼히 기록해 주시면 좋겠습니다."

그렇게 6주가 흘렀어요. 회장은 다시 피터 드러커를 찾아왔어요. 손에는 회장이 기록한 시간 기록표가 들려 있었지요.

"제가 그동안 쓴 시간 기록표입니다. 그런데 제가 생각했던 것과 많이 다르더군요."

피터 드러커가 살펴보자 회장은 직원들에게 이미 지시한 일을 다시 독촉하는 데 대부분의 시간을 쓰고 있었어요.

"도대체 왜 이런 일이 생긴 건지……."

회장은 머리를 긁적였어요.

"회장님은 회장님이 하시는 세 가지 일에 시간을 나누어 쓰는 것을 '그래야 한다.'고 생각만 하고 있을 뿐, 실천으로 옮기지는 못하셨군요. 이렇게 시간을 기록해 보면 자신이 시간을 어디에 쓰고 있는지 정확하게 알 수 있지요. 그래서 시간을 관리하려면 반드시 시간을 기록해 보라고 조언한답니다."

피터 드러커가 이야기를 시작하자 회장의 눈이 반짝였어요. 회장은 의자를 바짝 당겨 앉았어요.

"시간을 관리하는 몇 가지 원칙을 말씀드릴게요. 먼저 시간을 기록해야 합니다. 기록을 하면 자기가 어떻게 시간을 쓰는지 한눈에 볼 수 있지요. 그리고 시간을 하나로 모아야 해요."

"시간을 모은다고요?"

"네, 시간을 관리하는 데 가장 중요한 것은 아낀 시간을 어떻게 쓰느냐예요. 시간을 아무리 아낀들 그 시간을 제대로 사용하지 못한다면 아무런 의미가 없으니까요. 아껴서

마련한 시간은 한데 모아, 한 가지 일에 한꺼번에 사용해야 해요. 그래야 시간을 관리하는 보람을 느낄 수 있지요."

"아, 그렇군요. 정말 고맙습니다."

이 이야기의 주인공인 피터 드러커는 많은 사람들의 존경과 사랑을 받은 세계적인 기업 경영의 대가예요. 세계적인 기업과 경영자들이 피터 드러커에게 상담을 받았고, 수많은 사람들이 그의 지식뿐만 아니라 삶을 닮기 위해 노력했지요.

피터 드러커는 경영학자로, 또 교육자로 많은 사람들을 상담하면서 사람들의 행동을 연구하기도 했어요. 그리고

이를 바탕으로 많은 책을 썼지요.

피터 드러커의 책을 읽은 사람은 누구든 자기 자신을 발전시키고 다시 도전하겠다는 다짐을 하게 되었어요. 미국의 유명한 컴퓨터 소프트웨어 회사인 마이크로소프트를 세운 빌 게이츠도 피터 드러커의 책으로 큰 도움을 얻었다고 말했지요.

피터 드러커는 90세가 넘는 나이까지 열정적으로 책을 써서 사람들 누구나 자신의 꿈과 목표를 이루어 나가도록 도와주었답니다. 그는 특히 시간을 잘 관리하라고 했어요. 시간은 남에게 빌려 올 수도 없고, 돈을 주고 살 수도 없으며, 보관해 둘 수도 없기 때문이지요.

피터 드러커가 그동안 만나 온 성공한 많은 사람들 역시 시간을 잘 관리한다는 공통점이 있었어요. 그래서 시간 관리야말로 성공의 가장 큰 열쇠라고 생각하게 되었지요.

피터 드러커가 고등학교를 갓 졸업했을 때, 그는 자신의 인생을 완전히 바꾸는 놀라운 일을 경험했어요. 당시 어느 회사에서 견습생으로 일하던 피터 드러커는 우연히 이탈리아의 작곡가 주세페 베르디의 오페라 공연을 보게 되었지요.

   유명한 작곡가였던 베르디의 나이는 80세였어요. 그 나이에도 베르디는 새벽 4시부터 오후 4시까지 커피 한 잔만을 마시면서 작곡에 열중했어요.

   피터 드러커는 이 작곡가가 왜 그렇게도 힘든 오페라 작곡을 늙어서까지도 계속하는지 궁금했어요. 그리고 얼마 뒤 베르디가 쓴 글을 읽게 되었지요.

> 일생 동안 나는 음악가로서 더 나아지려고 노력했다.
> 더 좋은 곡을 만들기 위해 애썼지만 작품을 완성할 때마다
> 늘 아쉬움이 남았다. 그렇기 때문에 내게는 분명 한 번 더
> 도전해야 할 의무가 있다고 생각한다.

 이 말은 오랫동안 피터 드러커의 마음속에 남았어요. 한 번 더 도전해 자기 자신을 발전시키겠다는 결심이 그 첫발을 내딛은 거예요.

 그 뒤 피터 드러커는 10분 뒤와 10년 뒤 자신의 모습을 동시에 떠올리며 순간순간을 보냈어요. 위대한 경영학의 아버지는 그렇게 탄생했지요.

 피터 드러커가 강연을 할 때면 넓은 강연장은 사람들로 꽉 들어찼어요. 사람들은 자신의 꿈을 위해 조금이라도 가까이서 그의 조언을 듣고 싶어 했거든요. 사람들은 강연을 마치기가 무섭게 질문을 쏟아 냈지요.

 "선생님, 제가 새로운 프로젝트를 맡았는데요. 어떻게 하면 성공할 수 있을까요?"

"중요한 건 무엇보다 시간입니다. 시간은 모든 사람에게 똑같이 주어진 조건이지요. 모든 일에는 시간이 필요한데도 사람들은 이 시간이라는 자원을 아무렇지도 않게 낭비합니다. 그러니 성공하려면 시간을 가장 소중히 여겨야 합니다."

"일을 잘 하려면 어떻게 해야 하나요?"

누군가가 또 물었어요.

"여러분이 시간을 실제로 어디에 쓰고 있는지 먼저 알아보세요. 또 시간을 쓸 때에는 집중해서 한꺼번에 쓰세요. 누구에게도 방해받지 않고 5시간 정도를 집중하면 해결할

일을, 한 번에 15분씩 하루 두 번, 3주 동안 11시간을 들인다면 엄청난 낭비가 아닐까요?"

"그렇다면 시간을 관리하는 방법은 어떻게 익힐 수 있을까요?"

"연습해야지요. 낭비하는 시간을 줄이는 연습을 계속하세요. 그리고 중요한 일을 먼저 하세요. 시간은 정해져 있기 때문에, 중요한 일을 먼저 하지 않고 급한 일부터 하게 되면 결국 중요한 일은 하지 못하게 돼요. 한 번에 한 가지 일만 하는 것도 잊지 말고요. 한 가지 일에 집중해야 일을 더 잘할 수 있지요."

"어떤 일이 더 중요한 걸까요?"

"우선, 과거의 일보다는 미래의 일이 더 중요해요. 두 번째는 여러 문제 중 더 가능성 있는 일에 초점을 맞추는 거예요. 세 번째는 남들과 다른 자신만의 일을 하라는 것입니다. 마지막으로, 이루기 쉬운 목표가 아니라 남들과 뚜렷한 차이가 나는 좀 더 높은 목표를 정하세요."

"어떻게 해야 성공할 수 있나요?"

"성공하기 위해서는 시간이야말로 가장 중요한 재산이라는 것을 기억해야 합니다. 사람들은 돈이나 집은 소중한 재산이라고 생각하면서, 한 번 흘러가면 다시 오지 않는 시간에 대해서는 깊이 생각하지 않아요. 지식이 중요해지는 미래 사회에는 시간을 잘 관리하는 사람이 성공할 수밖에 없습니다."

우렁찬 함성과 박수 소리가 강연장에 울려 퍼졌어요. 피터 드러커의 강연을 들은 사람들은 모두 뿌듯한 마음으로 강연장을 나섰어요.

"이제 제대로 시간을 쓸 수 있을 것 같아. 그동안 늘 바쁘다는 말만 했는데……. 이제는 달라질 거야."

"나는 중요한 일을 먼저 하라는 말씀이 가장 마음에 남

아. 난 늘 급한 일부터 했거든. 당장 오늘이나 이번 주에 해결해야 할 것들 말이야. 그러다 보니 막상 중요한 것은 여전히 하지 못하고 수첩에만 적혀 있더라고. 이젠 가장 중요한 것이 무엇인지 생각하고 그걸 해내는 방법을 찾아야겠어."

"내가 가진 가장 소중한 재산은 바로 시간이라는 것을 이제야 깨달았군."

사람들은 그렇게 하나둘 자리를 떴어요. 피터 드러커는 사람들의 뒷모습을 보면서 뿌듯한 마음에 어깨를 활짝 폈답니다.

머릿속 시간과 실제 시간 기록하기

낭비하는 시간 찾기

매일매일 하는 중요한 일들을 적고, 그 일을 하는 데 사용하는 시간을 기록해 보세요. 머릿속으로 막연하게 생각한 시간과 실제 시간은 아마 많이 다를 거예요.

일주일이든 한 달이든 시간을 기록하고, 낭비하는 시간을 찾아보면 시간을 좀 더 잘 관리할 수 있지요.

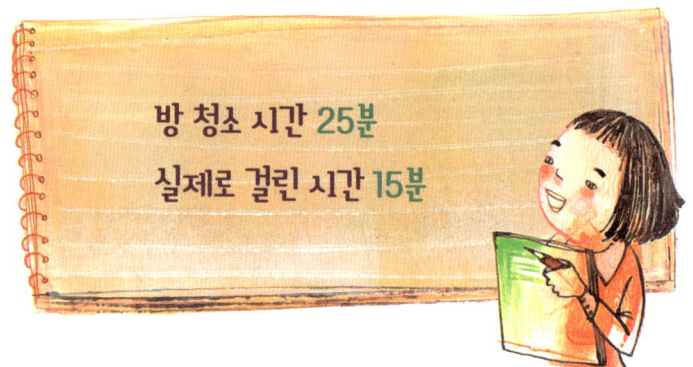

시간을 절약하는 10가지 방법

❶ 친구의 부탁을 전부 다 들어주지 않아도 돼요.
❷ 먼저 해야 할 일을 찾고, 일의 순서를 정해요.
❸ 가장 중요한 일에 집중해요.
❹ 시간을 낭비하는 습관이 없는지 살펴봐요.
❺ 집중이 잘 되는 시간에 공부를 하고, 다른 시간에는 푹 쉬어요.
❻ 물건은 필요할 때 찾기 쉽게 잘 정리해요.
❼ 구체적인 목표를 세우고, 얼마나 달성했는지 자주 확인해요.
❽ 자투리 시간에는 간단한 책을 읽어요.
❾ 빨리 끝낼 수 있는 일은 한꺼번에 모아서 해요.
❿ 24시간을 어떻게 쓰고 있는지 30분 단위로 자세히 기록해요.

자투리 시간을 모으는 일기장

많은 일을 하면서도 늘 여유로웠던
알렉산드르 류비셰프

알렉산드르 알렉산드로비치 류비셰프
(Aleksandr Aleksandrovich Lyubishev, 1890~1972)
러시아의 과학자. 러시아 상트 페테르부르크에서 태어났다. 페테르부르크 대학교를 졸업하고, 상트 페테르부르크 연방 식물 보호 연구소와 키예프 생물 연구소 등에서 연구를 했다. 철저한 시간 관리로 평생 70여 권의 학술 도서를 썼고, 1만 2,500장에 달하는 논문과 연구 자료를 남겼다.

 이른 아침, 러시아 상트 페테르부르크의 버스는 출근하는 사람들로 북적였어요.
 "교수님, 무슨 책을 읽으시는데 제가 그렇게 불러도 모르세요?"
 만원 버스 안에서 사람들을 비집고 젊은 청년 하나가 류비셰프 교수 앞으로 다가왔어요. 그 청년은 류비셰프가 교수로 있는 페름 대학교의 학생이었지요.
 "아, 알렉세이 군. 미안하네. 이 생물학 책이 아주 재미있어서 말이야."
 류비셰프는 미안한 표정을 지으며 대답했어요.
 "네? 생물학 책을 읽으셨다고요? 이렇게 복잡하고 정신없는 버스 안에서 책 내용이 머리에 들어오세요?"
 "오늘은 버스에 타자마자 운 좋게 자리가 나서 이 책을

골라 읽었지. 자리에 앉으면 집중할 수 있거든."

"그럼, 다른 책도 갖고 계신 거예요?"

알렉세이는 놀랍다는 듯 되물었어요.

"그렇다네. 나는 집을 나설 때 적어도 세 권 이상 가방에 책을 넣어야 마음이 편해. 버스에서 서서 갈 때는 가벼운 소설책을 주로 읽지. 그리고 오늘처럼 버스 자리에 운 좋게 앉으면 조금 복잡한 책도 읽을 수 있어. 그럴 때를 위해 필기구도 항상 넣어 다닌다네. 문제를 풀어야 할 수도 있으니까."

류비셰프는 낡고 큰 검은 가방을 툭 치며 말했어요.

"교수님께서 왜 항상 커다란 가방을 들고 다니시나 했는데 이제야 이해가 돼요. 교수님이 자투리 시간을 잘 활용하신다는 것은 익히 들었습니다만, 이렇게 직접 보게 되니 정말 대단하다는 생각이 들어요. 존경해요."

알렉세이는 류비셰프의 모습에 감탄했어요.

"이런, 벌써 학교에 도착했군. 어서 내리자고."

류비셰프는 가방을 챙겨 자리에서 일어났지요.

이 일화 속 주인공인 알렉산드르 알렉산드로비치 류비셰프는 철저한 시간 관리와 왕성한 호기심으로 과학뿐만 아니라 철학, 문학 등 여러 학문 분야에서 많은 업적을 남

긴 학자랍니다.

 류비셰프가 세상을 떠난 뒤, 그가 남긴 연구 자료는 책 100여 권의 분량이 될 정도로 많아 사람들을 놀라게 했어요. 자신이 주로 연구한 과학 분야만 해도 곤충학, 농학, 유전학, 식물학, 동물학, 진화론 등 다양한 분야에 두루 업적을 남겼지요.

 그러나 이것은 류비셰프가 머리가 좋았거나 단순히 공부를 많이 했기 때문은 아니에요. 그 비법은 류비셰프가 누구에게나 똑같이 주어진 시간을 잘 활용했기 때문이지요.

 류비셰프의 일기장을 살펴볼까요?

1964년 4월 7일, 러시아 울리야노프스크에서

곤충 분류학   곤충 그림을 두 장 그리고(3시간 15분),
             그 곤충을 조사했다(20분).
덧붙여 한 일 슬라바에게 편지를 썼다(2시간 45분).
사람들과 만남 식물 보호 단체와 회의를 했다(2시간 25분).
쉬는 시간   이고르에게 편지를 쓰고(10분),

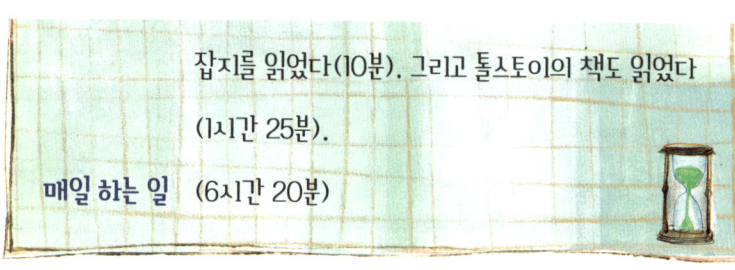

잡지를 읽었다(10분). 그리고 톨스토이의 책도 읽었다 (1시간 25분).
매일 하는 일 (6시간 20분)

일기라기보다는 마치 시간표 같지요? 류비셰프는 이런 일기를 26세였던 1916년부터 시작해서 56년간 한결같이 써 왔어요. 러시아 혁명이 일어났을 때도, 몸이 아파 병원에 입원했을 때도, 심지어는 아들이 전쟁 중에 세상을 떠났다는 소식을 들었을 때도 일기 쓰기를 거르지 않았지요.

또 매달, 매년, 5년이 지난 다음에는 어디에 얼마나 시간을 썼는지 통계를 내는 것도 잊지 않았어요. 함께 볼까요?

한 달 동안의 시간 통계

기초 과학을 연구하는 데 쓴 시간(59시간 45분)
곤충 분류학을 연구하는 데 쓴 시간(20시간 55분)
덧붙여 한 일(50시간 25분)
곤충 조직을 연구하는 데 쓴 시간(5시간 40분)
모두 쓴 시간은 136시간 45분

일 년 동안의 시간 계획과 통계

제1분류의 일을 하는 데 쓴 시간

(목표 570단위 시간/실제 564.5단위 시간)

차로 이동하는 데 쓴 시간(목표 140단위 시간/실제 142단위 시간)

사람들과 만나는 데 쓴 시간(목표 130단위 시간/실제 129단위 시간)

개인적인 일을 하는 데 쓴 시간(목표 10단위 시간/실제 8.5단위 시간)

*제1분류의 일에는 570단위 시간을 쓰기로 계획했는데 실제로는 564.5단위 시간밖에 채우지 못해 5.5단위 시간이 부족했다.

   류비셰프가 이런 일기를 쓰기 시작한 것은 어린 시절 동네에서 뜨개질하는 아주머니들을 보고 나서부터였어요.
   류비셰프가 살던 동네에는 뜨개질을 하는 아주머니들이 많았어요. 아주머니들은 모여서 이야기를 나누거나 걷는

 동안에도 뜨개질을 멈추지 않았지요. 그런 모습을 볼 때마다 류비셰프는 이렇게 생각했어요.
 '길을 걸으면서 뜨개질을 얼마나 많이 할 수 있을까? 그냥 자리를 잡고 앉아 집중해서 뜨개질하는 게 더 낫지 않을까?'
 하지만 류비셰프의 이런 생각과는 달리, 아주머니들은 몇 주가 지나면 예쁜 스웨터를 완성해서 가족들에게 입히거나 시장에 내다 팔았어요. 한참이 지나 류비셰프는 그 이유를 비로소 알게 되었어요.
 '아주머니들은 자투리 시간을 활용한 거야. 따로 시간을

내지 않고 짬짬이 남는 시간을 모아 쓰는 것도 큰 의미가 있어.'

그 뒤로 류비셰프는 자투리 시간을 활용해 보기로 했어요. 그러기 위해서는 자투리 시간이 언제 얼마나 있는지 알아야 했지요. 그러다 보니 일기를 쓰게 된 것이었어요.

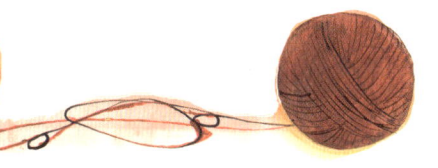

언젠가 누군가 류비셰프에게 하루를 잘 활용하는 방법에 대해 물은 적이 있었어요. 그는 이렇게 대답했지요.

"매일 12시간을 어떻게 활용하느냐에 달려 있어요. 사람들은 보통 하루에 14~15시간을 어떤 일을 하는 데 쓴다는데, 저는 솔직히 그렇게 많은 시간 동안 일한 적은 없어요. 제가 하루 동안 가장 많이 일한 시간은 11시간 30분이에요. 하루에 7~8시간만 연구를 할 수 있어도 저는 만족스럽답니다."

"그렇다면 그리 많지 않은 시간에 어떻게 그토록 많은 일들을 할 수 있었지요?"

"자투리 시간을 활용하는 거예요. 저는 자투리 시간을 쓰기 위해 아주 자세하게 계획을 세워요. 여행을 갈 때에는 가벼운 책을 읽거나 외국어를 공부하고요, 오랫동안 멀리 출장을 떠날 때는 그곳에서 읽을 책을 미리 우편으로 부쳐 놓아요. 버스나 기차를 타는 시간, 회의 전 시간, 줄을 서 있는 시간도 알뜰하게 쓰지요. 이런 자투리 시간을 활용해서 저는 한 해에 소설책을 9천 쪽 정도 읽어요."

　이처럼 류비셰프는 자투리 시간을 철저하게 활용하기 위해 때에 따라 읽는 책의 종류도 달리했어요. 아침에는 머리가 맑으니 철학이나 수학처럼 집중해야 하는 책들을 읽고, 이 책들이 끝나면 조금 읽기 쉬운 역사나 생물학 책을 읽었어요. 또 피곤할 때는 가벼운 소설책을 읽었지요.

　류비셰프는 잠을 줄여 가며 하루 종일 일이나 연구만 하지는 않았어요. 쉴 때는 푹 쉬고, 가족과 충분한 시간을 보내며 여유로운 삶을 살면서도 많은 일을 할 수 있다는 것을 보여 준 사람이었지요.

　마지막으로 류비셰프의 생활 원칙을 살펴보면 그가 어떤 마음으로 평생을 살았는지 잘 알 수 있답니다.

류비셰프의 다섯 가지 생활 원칙

- 하기 싫은데 억지로 해야 하는 일은 맡지 않는다.
- 시간에 너무 쫓기는 일은 맡지 않는다.
- 피곤하면 하던 일을 멈추고 쉰다.
- 하루 10시간 정도 충분히 잠을 잔다.
- 어려운 일과 즐거운 일을 번갈아 가며 한다.

숨어 있는 시간 찾아보기

🧑 자투리 시간 찾기

하루 계획표를 정리해 보세요. 그 속에서 자투리 시간을 찾는 거예요. 학교에 도착해서 무얼 했는지, 학원으로 가는

학교에서 학원에 갈 때까지 남는 시간은?

학원에서 집에 오는 버스에서 활용할 수 있는 시간은?

버스 안에서는 무얼 했는지, 집에 돌아온 다음, 숙제를 마치고는 무얼 했는지 적어 보는 거예요. 그러면 하루의 자투리 시간이 어느 정도인지 정확히 알 수 있어요.

🧑 자투리 시간 활용하기

아침의 자투리 시간에는 영어 단어를 외우고, 오후의 자투리 시간에는 책을 읽는 건 어떨까요?

계획이 있어야 자투리 시간이 생겼을 때 바로 활용할 수 있어요. 물론 무리하게 계획을 세울 필요는 없지요. 여유롭게 계획을 세워도 자투리 시간을 몰랐을 때보다는 훨씬 더 많은 일을 할 수 있어요.

조용한 새벽 시간이 좋아

남들보다 일찍 일어나 꿈을 이룬
빌 게이츠

빌 게이츠(Bill Gates, 1955~)
미국의 기업가. 미국 시애틀에서 변호사의 아들로 태어나 하버드 대학에 들어갔지만 중간에 그만두었다. 최초의 소형 컴퓨터용 프로그램 언어인 베이직을 개발했고, 컴퓨터 소프트웨어 회사인 마이크로소프트를 세워 큰 성공을 거두었다. 존경받는 세계의 비즈니스 리더 1위, 세계 최고의 부자, 200억 달러를 기부한 세계 최고의 자선가 등 여러 가지 별명이 있다.

　시계가 새벽 3시를 가리켰어요. 세상은 온통 쥐 죽은 듯 고요했지요.
　"아, 잘 잤다."
　빌 게이츠는 크게 기지개를 켜면서 이불 속에서 빠져나왔어요. 창밖은 아직 컴컴했고, 아이들과 아내는 여전히 깊이 잠들어 있어 집안은 조용했어요.
　"나는 무엇이든 할 수 있어. 왠지 오늘은 나에게 큰 행운이 생길 것 같아."
　언제나처럼 빌 게이츠는 이렇게 혼잣말을 하고는 욕실로 향했어요. 빌 게이츠는 매일 아침 이런 주문을 외우면서 자기 마음을 다잡았답니다.
　욕실에서 나온 빌 게이츠는 서재로 들어가 컴퓨터를 켰어요. 오늘 오후에 예정되어 있는 회의 준비를 하고, 어제

직원들이 보내온 메일을 확인했지요. 그렇게 한 시간쯤 지나자 아내 멜린다가 서재로 들어왔어요.

"여보. 일찍 일어났군요. 어쩐 일이에요?"

빌 게이츠는 아내를 돌아보며 놀란 듯 물었어요.

"저도 이제 당신처럼 새벽에 일어나 보려고요. 지난번에 새벽에 일어나 보니 하루가 길고, 아침 시간도 알차게 쓸 수 있더라고요."

아내가 긴 갈색 머리를 쓸어 올리며 쑥스러운 듯 웃었어요.

"하하. 내가 일찍 일어난다고 당신도 꼭 일찍 일어나려고 하지는 않아도 돼요. 각자 자신만의 생활 방식이 있지 않겠어요? 나야 이렇게 조용한 새벽에 더 집중이 잘 되기 때문에 일찍 일어나기를 더 좋아하지만요."

"알아요. 그렇다고 너무 무리하지는 마세요. 건강이 최고니까요. 결혼 전처럼 하루에 18시간 넘게 일하거나 새벽 두세 시에 직원들에게 전화를 거는 건 곤란하다고요. 직원들도 쉴 권리가 있잖아요."

아내가 살짝 눈을 흘겼어요.

"알았어요. 요즘은 나도 생각이 많이 바뀌었어요. 이제 당신이랑 아이들과 시간을 더욱 많이 보내려고 한다니까요. 또 새벽에는 이렇게 직원들이 보낸 메일을 보고 그저 답장만 하는 정도니 누구의 잠도 방해하진 않겠지요?"

빌 게이츠가 유쾌하게 대답했어요.

어느덧 먼동이 트자 아침 식사를 마친 빌 게이츠는 회사로 향했어요. 오전 7시 30분쯤 회사에 도착한 빌 게이츠는 비서의 반가운 인사를 받았어요.

"좋은 아침이에요! 회장님. 오늘도 일찍 나오셨네요? 회장님 덕분에 저도 이젠 늦잠을 버리고 새벽형 인간이 되었답니다."

"그거 반가운 일이군요. 아, 그렇다고 무리하지는 말아요. 사람마다 다 자기에게 맞는 방식이 있으니까요. 만일 아침 일찍 일어나는 것이 체질에 맞는다면 조만간 내게 고마워하게 될 거예요. 하루가 아주 길어질 테니 말이에요."

미국의 컴퓨터 소프트웨어 회사인 마이크로소프트를 세운 빌 게이츠는 미국뿐만 아니라 세계적인 기업가로 손꼽히는 인물이에요. 그는 세계 최고의 부자라는 수식어와 함께 시간을 아끼는 데에도 둘째가라면 서러울 정도의 사람이지요.

그는 젊어서는 잠자는 시간을 빼고는 하루 종일 컴퓨터 연구에 매달릴 정도로 열정적으로 일했어요. 그런 그가 결혼을 해서 아이가 생기고 난 뒤부터는 시간을 효율적으로 관리하는 방법을 터득했지요. 매일 새벽 3시에 일어나서 7시 30분이면 회사로 향했어요. 빌 게이츠는 시간 낭비야말로 인생에서 가장 큰 실수라고 여겼어요.

세계적인 기업가로 매우 바쁘게 생활하는 빌 게이츠의 하루를 살펴 볼까요?

빌게이츠가 우리나라를 방문했을 때의 일이에요. 그의 손에는 빽빽한 일정이 적혀 있는 수첩이 들려 있었어요. 그

 는 앞서 일본을 2박 3일간 방문한 다음이었고, 우리나라에서 1박 2일을 머무른 뒤, 이어서 중국을 2박 3일 동안 방문할 예정이었어요.
 　밤 9시, 빌 게이츠는 인천 국제 공항에 도착했어요. 미리 준비되어 있던 승용차에 옮겨 탄 그는 비서에게 물었지요.

"아, 벌써 밤 10시가 넘었네요. 오늘은 한국에서의 일정이 없는 건가요?"

"네, 회장님. 오늘은 호텔로 가시면 됩니다. 내일 아침 8시에 장관들과의 아침 모임을 시작으로 하루 종일 일정이 잡혀 있습니다."

빌 게이츠는 호텔로 향하면서 이렇게 다음 날 일정을 챙기고, 우리나라에서 강연할 내용도 점검했어요.

다음 날 빌 게이츠는 아침 8시 장관들과 모임을 가진 다음, 우리나라의 은행가를 만나 회사와 관련된 계약을 했어요. 계약을 하자마자 서둘러 청와대로 향한 빌 게이츠는 당시 대통령이었던 김대중 대통령을 만났지요.

점심 식사는 우리나라 기업가와 함께 하며 소프트웨어 지원 문제에 대해 의논했고, 오후에는 다른 여러 기업가들과 미팅을 가졌어요.

이어서는 1천여 명의 청중들 앞에서 강연을 했어요. 강연이 끝나자마자 서울 장충 체육관으로 달려간 빌 게이츠는 아시아에서 모인 컴퓨터 개발자 5,000여 명을 대상으로 마이크로소프트의 신제품 설명회를 열었어요.

"회장님. 이제 공항으로 출발하셔야 할 시간입니다."

오전 10시

오전 8시

비서가 빌 게이츠에게 독촉했어요.
"아, 그렇군요. 서두릅시다."
빌 게이츠는 이렇게 우리나라에서의 일정을 마치고 중국으로 가기 위해 서둘러 인천 국제 공항으로 달려갔어요.
숨 쉴 틈도 없는 출장 일정만 보아도 그가 얼마나 바쁘게 생활하고 있는지 잘 알 수 있지요. 빌 게이츠가 얼마나 시간을 아끼는지를 알려 주는 또 다른 일화도 있답니다.
어느 날 그가 친구와 함께 서둘러 길을 걸어가는데 땅에 2달러가 떨어진 것이 보였습니다. 하지만 빌 게이츠는 그

오후 3시

오후 5시

걸 보고도 그냥 지나쳤지요. 그것을 본 친구가 궁금한 듯 빌 게이츠에게 물었어요.

"이보게. 2달러를 보고도 왜 그냥 지나치는 건가?"

그러자 빌 게이츠는 웃으며 이렇게 대답했어요.

"그걸 줍는 데 드는 시간이 더 아깝다네."

이렇게 자기 시간을 철저하게 관리했기 때문에 그는 존경받는 세계 제일의 기업가가 될 수 있었답니다.

    그뿐만 아니라 그는 자신이 모은 재산을 아낌없이 세상에 다시 내놓아 많은 사람들을 감동시켰지요.

    그가 시간을 철저하게 관리하며 자신의 일에 몰두한 것은 혼자만 성공해야겠다는 마음이 아니었어요. 자신의 일로 많은 사람들이 편리하고 풍요롭게 살 수 있는 것에 보람을 느낀 것이었어요.

빌 게이츠는 2008년 6월 27일에 마이크로소프트를 떠났어요. 그리고 지금은 가난한 사람들을 돕고, 많은 사람들에게 교육 기회를 주기 위해 세운 자선 단체인 '빌 앤 멜린다 게이츠 재단'에서 일하고 있답니다.

아침 시간 활용하기

🧑 아침에 할 일 만들기

잭 웰치나 정주영 등 세계적으로 성공한 사람들은 아침에 일찍 일어난다는 공통점이 있어요. 아침에 할 일이 있으면 자연스레 일찍 일어나게 되지요. 소풍 가는 날 아침에 일찍 눈이 떠지는 것처럼요.

하지만 그저 일찍 눈을 뜨기만 하는 것이 아니라 그 시간에

무엇을 할지도 생각해야 해요. 이왕이면 평소 꼭 하고 싶었던 일이 좋겠지요.

일찍 자고 일찍 일어나기

저녁 때 숙제를 마치고 나면 혹시 게임이나 휴대전화를 하느라 어영부영 시간을 보내지는 않나요? 꼭 해야 할 일이 없다면 그냥 일찍 잠자리에 드는 것도 좋아요. 일찍 자면 그만큼 일찍 일어나기 쉬우니까요. 또 밤에 과자나 아이스크림 등 간식을 먹지 않게 되어 건강에 좋고, 키가 크는 데도 도움이 되지요.

한 번에 한 가지 일에 집중해

하루 스무 시간 집중했던
토머스 에디슨

토머스 앨바 에디슨(Thomas Alva Edison, 1847~1931)
미국의 발명가. 초등학교에서 3개월 만에 퇴학을 당하고 어머니에게 교육을 받았다. 어릴 때부터 과학 실험을 좋아해 어떤 내용이든 실험을 해서 이해했다. 축음기, 전등, 영사기 등 1,000여 가지가 넘는 제품을 잇달아 발명했으며 세계 최초의 중앙 발전소와 에디슨 전등 회사를 설립하는 등 평생을 연구와 발명에 바쳐 세계적인 발명왕으로 불린다.

　미국 뉴욕 65번가에 있는 토머스 에디슨의 전등 회사 앞에는 벌써 며칠째 기자들이 계속 몰려오고 있었어요. 바로 전구를 발명한 에디슨을 취재하기 위해서였지요.
　하지만 에디슨이 너무 바쁜 탓에 누구도 그를 만날 수가 없었어요. 여러 기자들은 에디슨의 조수를 찾아가 에디슨을 인터뷰하고 싶다고 부탁했지만 그때마다 조수들은 고개를 절레절레 흔들었어요.
　"요즘 에디슨 사장님을 만나기는 저희들도 하늘의 별따기만큼 힘들답니다. 하루 종일 연구에 빠져 계시니까요. 아무리 부탁하셔도 저희는 어쩔 수 없어요. 회사에 오고 가는 시간도 일정하지 않으니, 언제 나타나실지 아무도 알 수 없어요. 회의에 참석하지 않으신 지도 오래고요. 그래도 혹시 모르지요, 여기서 계속 기다리다가 아주 운이 좋으면 기회

를 잡을 수도요."

조수의 말을 듣고 오기가 생긴 마든이라는 기자는 에디슨의 전등 회사 앞에서 3주 동안 천막을 치고 지내며 에디슨을 기다렸어요. 혹시 에디슨이 회사를 오고 갈 때 눈이 마주치면 인터뷰할 기회를 따낼 수도 있으니까요.

그러던 어느 날이었어요. 마든 기자는 마침내 에디슨이 회사에 나오는 것을 보았어요. 그러자 어디서 나타났는지 많은 기자들이 순식간에 몰려들었지요.

그런데 놀랍게도 에디슨은 마든 기자와 인터뷰를 하겠다고 말했어요. 마든 기자가 그를 얼마나 애타게 기다렸는지 마치 알고 있는 것처럼 말이에요. 바쁜 에디슨은 인터뷰 시간을 단 5분만 허락했어요.

마든 기자는 벅찬 마음으로 에디슨의 사무실로 들어갔답니다. 그리고 평소 궁금했던 것을 물어보았어요.

"발명이나 다른 분야에서 성공하려면 가장 필요한 것이

무엇이라고 생각하십니까?"

에디슨은 이렇게 대답했어요.

"한 가지 일에 몸과 마음의 에너지를 모두 쏟아부을 수 있는 능력입니다. 바로 집중력이지요."

"하루 종일 연구에 빠져 계시다는 말은 이미 들었습니다. 대단한 집중력이에요."

그러자 에디슨은 미소를 지었어요.

"저는 하루 스무 시간 정도 일합니다. 제 나이가 지금 서른셋이지만 실제로는 예순여섯일 거예요. 남들보다 항상 두세 배로 일했으니까요."

"하루에 스무 시간이나 일하시는 게 힘들지는 않으세요?"

"그렇지 않습니다. 사람들은 하루 종일 뭔가를 합니다. 생각해 보세요. 만일 아침 7시에 일어나서 밤 11시에 잠자리에 든다면 하루에 16시간을 활용할 수 있습니다. 사람들은 그동안 아무것도 하지 않고 멍하게 있지는 않지요. 일을 하고, 친구를 만나거나, 책을 읽고, 생각하고, 글도 씁니다. 하지만 나와 차이점이라면 사람들은 그 시간 동안 여러 가지 일을 하고, 나는 한 가지만을 한다는 거예요.

만일 사람들이 한 가지 일에만 시간을 집중해 쓴다면 누구나 성공할 수 있어요. 성공은 반드시 집중과 함께 있지요. 분명한 목표가 없기 때문에 집중하기 어려운 것이지, 한 가지 목표를 분명히 세우고 여기에 매달린다면 누구나 반드시 성공할 수 있습니다."
　이렇게 말했던 에디슨은 백열등과 축음기 등을 발명해 인류가 편하게 살도록 해 준 세계적인 발명가예요.
　그가 이런 위대한 발명을 할 수 있었던 것은 집중력과 독서 덕분이었답니다. 에디슨은 대단한 독서광으로 평생 동안 읽은 책이 무려 350만 쪽이나 돼요. 책을 매일 한 권씩 30년 동안 꾸준히 읽은 셈이지요. 에디슨이 읽은 책은 주로 기계학, 화학, 전기에 관한 것들이었는데, 책을 읽고 난 뒤에는 반드시 실험을 했답니다.

　독서를 하지 않을 때면 그는 무엇인가를 골똘히 생각하거나 세밀히 관찰하곤 했어요. 그리고 새롭

게 알게 된 것은 주머니에 항상 넣고 다니던 노란 표지의 노트에 그대로 옮겨 적었어요. 그가 세상을 떠난 뒤에는 그렇게 그가 평생 기록한 노트가 3,400권이나 발견되었답니다.

하지만 이렇게 위대한 발명가이자 독서광이었던 에디슨은 놀랍게도 어린 시절 바보라는 소리를 듣고 학교에서 쫓겨난 일이 있었어요. 초등학교에 들어간 지 3개월 만이었지요.

그때 에디슨의 담임 선생님은 에디슨의 어머니를 학교로 불렀어요. 담임 선생님의 얼굴은 발갛게 달아올라 있었지요.

"어머니, 아무래도 에디슨이 학교를 계속 다니는 건 어려울 것 같습니다."

담임 선생님은 어렵게 말문을 열었어요.

"네? 선생님, 그게 무슨 말씀이세요?
우리 아이에게 무슨 문제라도 있나요?"
놀란 어머니가 되물었어요.
"그게요, 어머니. 에디슨은 수업할 때 계속 왜냐고 질문만 한답니다. 제가 하늘이 파랗다고 하면 왜 파란 것이냐고 묻고, 100도에서 물이 끓는다고 하면 또 왜냐고 묻고……. 그러다 보니 다른 친구들의 수업에 방해가 되어서요."
"아이가 궁금한 것을 묻는 건 당연한 일 아닌가요?"
"그 정도뿐이면 괜찮은데, 얼마 전에는 흑인 아이를 하얗

게 해 주겠다며 얼굴에 이상한 약을 발라서 소동을 일으켰어요. 오늘은 몸에 가스를 넣으면 하늘을 날 수 있다고 하면서 친구에게 가스를 먹여서 큰일이 날 뻔했답니다. 이것 말고도 문제가 되는 일이 한두 가지가 아니에요. 아무래도 다른 아이들과 같이 공부하기에는 에디슨의 지능이 부족한 것 같아요. 죄송하지만 다른 학교를 찾아보셔야겠어요."

"지능이 부족한 것 같다고요?"

"지금으로서는 그렇게 보입니다. 죄송합니다."

"네, 알겠습니다."

어머니는 풀 죽은 목소리로 선생님께 대답하고는 집으로 돌아왔어요. 하지만 어머니는 누구보다 에디슨을 잘 알고 있었어요. 다른 아이들보다 호기심이 더 많을 뿐 에디슨이 바보가 아니라는 것을요. 그때부터 어머니는 에디슨을 직접 가르치기로 했어요.

먼저 글 읽는 것부터 차근차근 가르쳤어요. 글을 깨우친 에디슨은 동네 도서관의 책들을 닥치는 대로 읽었어요. 에디슨은 특히 과학 책을 좋아했는데, 처음으로 읽은 과학 책은 《자연 철학과 경험 철학》이었답니다. 이 책은 아주 쉽게 쓴 과학 책이어서 아홉 살인 에디슨도 충분히 읽을 수 있었지요.

이 책을 통해 에디슨은 자동차, 화약, 건전지, 가스 등이 어떻게 만들어지고 쓰이는지 알게 되었어요. 그러고 나자 책에 나오는 실험을 직접 해 보고 싶어졌어요.

"엄마, 저 과학 실험을 해 보고 싶어요."

에디슨은 어렵게 어머니에게 말씀을 드렸어요. 넉넉지 않은 살림살이에 실험 재료와 기구를 살 돈이 없다는 것을 에디슨도 잘 알고 있었지만 넘치는 호기심을 참을 수가 없었지요.

"그렇다면 실험 도구를 살 돈이 필요하겠구나. 이렇게 하면 어떨까? 아버지가 밭에서 키우는 과일과 야채를 시장에 내다 파는 거야. 그러면 어느 정도 돈을 마련할 수 있을

게다."

어머니는 에디슨이 실망하지 않도록 이렇게 이야기해 주었어요.

"그럼, 제가 시장에 가지고 나가서 팔게요. 고마워요, 어머니!"

신이 난 에디슨은 펄쩍펄쩍 뛰면서 이내 뒷마당의 밭으로 달려갔어요. 이렇게 어릴 적 에디슨은 호기심과 궁금증을 참지 못하는 아이였답니다.

어린 에디슨의 호기심은 어른이 되자 발명에 대한 관심

으로 발전했어요. 그리고 나중에는 아침에 연구실에 한번 들어가면 그다음 날 오후가 되어서야 나올 정도로 온종일 연구에만 집중하게 되었어요. 그래서 에디슨의 친구들은 에디슨을 말할 때면 '잠자는 것 말고는 연구만 하는 사람'이라고 할 정도였지요.

에디슨이 1931년 가을, 84세의 나이로 세상을 떠나자 많은 사람들이 발명왕 에디슨의 장례식에 참석했어요. 또 미국의 후버 대통령은 에디슨을 위해 밤 10시에 모든 전등을 끄는 운동을 하자고 제안했지요.

그래서 전 세계 사람들은 인류에게 편리함을 가져다준 위대한 에디슨과 그의 대표적인 발명품인 전구를 생각하

면서 밤 10시, 모두 전등을 끄고 그를 추모했어요.
 그리고 오랜 세월이 지난 지금까지도 그의 집중력과 발명을 향한 열정은 그가 발명한 전구처럼 많은 사람들의 마음속까지 환하게 비추고 있답니다.

딱 한 가지에 집중하기

 집중하는 시간 늘리기

수학 문제 몇 개를 풀면서 두세 번 자리에서 일어난다거나 다른 생각에 빠진다면 집중하지 못하고 있는 거예요. 그럴 때는 먼저 딱 1문제만 집중해서 풀어 보고, 잘 되면 조금씩 문제 수를 늘려 보세요. 그렇게 훈련하다 보면 많은 문제를

한 번에 풀 수 있게 되지요.

이렇게 집중력을 기르면 적은 시간에 더 많은 공부를 할 수 있어요.

🧒 내가 진짜 좋아하는 것 찾기

집중하는 힘은 정말 좋아하는 일을 할 때 생겨요. 그러니 자기가 좋아하는 게 무엇인지 먼저 알아야겠지요?

그리고 목표가 있어야 해요. 꿈을 이룬 사람들은 자신이 무엇을 하고 싶은지 잘 알고, 그 일이 어떤 가치가 있는지를 깨달은 사람들이었거든요.

내가 앞으로 하고 싶은 일
- 자연을 사랑하기 때문에 꽃과 나무를 가꾸는 사람이 되고 싶다.
- 글 쓰고 책 읽는 일이 참 좋다. 앞으로 작가가 되고 싶다.

건강을 지켜 주는 휴식 시간

낮잠 덕분에 열정적으로 일할 수 있었던
윈스턴 처칠

윈스턴 레너드 스펜서 처칠
(Winston Leonard Spencer Churchill, 1874~1965)

군인, 정치가, 작가. 영국에서 태어나 육군 사관 학교를 졸업하고 인도와 수단 등에서 일했다. 그 뒤 종군 기자로 활동하다 유명해져 영국의 정치가가 되었다. 처칠은 강한 지도력을 발휘해 전쟁을 영국의 승리로 이끄는 것은 물론, 전쟁이 끝난 다음 국제 질서를 세우는 일에도 공헌했다. 연설과 글 쓰는 실력도 뛰어나 《제2차 세계대전》으로 노벨 문학상을 받았다.

　제2차 세계대전이 한창일 때였어요. 당시 영국의 수상이었던 윈스턴 처칠은 영국과 미국 사이의 군사 문제를 논의하기 위해 미국의 국무 장관을 만났어요.
　"저는 요즘에 오전 8시부터 오후 5시 30분까지는 도통 짬을 낼 수가 없답니다. 할 일이 어찌나 많은지요. 수상께서는 아주 많은 일을 열정적으로 하시는 것으로 알고 있는데, 어떻게 건강 관리를 하시는지요. 하루에 몇 시간이나 일하십니까?"
　피곤한 모습의 미국의 국무 장관은 처칠을 만나자마자 투덜거리며 이렇게 말했어요.
　"쉬지도 않고 하루 종일 일하신다는 말씀인가요? 건강을 조심하셔야겠어요. 저는 하루 종일 일에만 매달려 있지는 않아요. 저는 낮잠도 즐긴답니다. 점심을 먹고 난 뒤에 달

콤한 낮잠을 자면 피로가 풀리지요."

처칠이 대답했어요.

"아니, 낮잠을 주무신다고요? 그랬다간 일의 맥이 끊겨서 일을 더 할 수 없을 것 같은데요."

미국의 국무 장관은 놀라며 다시 물었어요.

"낮잠을 잔다고 해서 일을 더 적게 하는 건 아니에요. 낮잠을 자고 나면 하루를 다시 시작하는 마음으로 일할 수 있어요. 그럼 하루를 이틀처럼 쓸 수 있지요. 시간이 두 배로 생기는 셈이랍니다."

처칠은 얼굴에 웃음을 띠면서 찬찬히 설명했어요.

"아, 하루를 이틀로 쓸 수 있다니 놀랍습니다. 그 많은 일을 어떻게 해내시는지 궁금했는데 그런 비법이 있었군요. 저도 앞으로 일할 때는 열심히 일하고 쉴 때는 푹 쉬어야겠어요. 허허."

"네, 언제 쉬고 언제 일해야 할지를 제대로 아는 것은 지도자로서 꼭 필요한 일이지요. 무리하게 일을 하다가는 건

강을 잃을 수도 있으니까요. 지도자의 건강은 자신 말고도 많은 사람들에게 영향을 미친답니다. 그러니 건강을 잘 관리하는 게 아주 중요해요."

 낮잠은 처칠의 오랜 습관이었어요. 제1차 세계대전 때 독일이 영국을 공격할 때도 처칠은 적의 공격을 피하는 방공호 속에 들어가 낮잠을 잤다고 해요. 그러니 처칠이 건강을 관리하는 데 낮잠을 얼마나 중요하게 여겼는지 알 수 있겠지요?

 덕분에 처칠은 환갑이 넘은 나이에, 그것도 전쟁이 한창

인 영국을 잘 이끌어 갈 수 있었답니다.

 세계 역사를 통틀어 처칠만큼 정열적인 사람은 드물어요. 그는 나라를 위해 싸운 용맹스러운 군인이었고, 나라를 이끈 소신 있는 정치가였으며, 노벨 문학상을 받을 정도로 뛰어난 작가이기도 했지요. 또 종군 기자로 열정적으로 활동하며 전쟁 중에 두 번이나 포로로 잡혀 죽을 뻔한 위기도 있었어요.

 그러나 어린 시절 처칠은 지독한 개구쟁이에다가 공부도 잘 하지 못하는 그야말로 말썽꾸러기였어요.

 "도대체 처칠은 누구를 닮아 저렇게 말썽을 부리는지 모르겠어요. 한시도 가만히 있지를 않아요."

 어머니가 마당에서 뛰어노는 처칠을 보며 말했어요.

 "허허. 누굴 닮긴. 다 나를 닮은 것 아니겠소? 앞으로 정치인이 되려면 활달한 성격과 체력은 기본이라오. 다만 공부를 좀 더 열심히 하면 좋으련만……. 이번에도 수학 점수는 형편없는 것 같구려. 아무래도 가정 교사를 불러야겠소."

 아버지도 걱정이 되기

는 마찬가지였어요.

정치인이었던 처칠의 아버지는 처칠이 자신을 이어 훌륭한 정치가가 되기를 바랐어요. 하지만 낙제생이었던 처칠의 실력으로는 어림도 없을 것 같았어요. 할 수 없이 아버지는 처칠에게 육군 사관 학교에 들어가라고 말했어요.

"육군 사관 학교라고요? 네, 좋아요. 지금 당장 지원할게요."

하지만 실력이 부족했던 처칠은 육군 사관 학교 입학 시험에서 두 번이나 떨어지고 말았어요. 그러나 육군 사관 학교에 꼭 들어가고 싶었던 처칠은 마음을 다잡고 공부를 열심히 하기 시작했어요. 그리고 한참 만에야 간신히 입학할 수 있었답니다.

그러나 아버지는 멋진 군인이 된 아들의 모습을 보기도 전에 세상을 떠나고 말았어요.

'아버지, 죄송해요. 아버지의 바람대로 정치가가 되지는 못했지만 대신 훌륭한 군인이 될게요.'

처칠은 아버지의 무덤 앞에서 이렇게 약속했어요.

 육군 사관 학교를 졸업하고 몇 년 뒤인 1896년, 처칠은 당시 영국의 식민지였던 인도에서 일하게 되었어요. 인도에서의 생활은 정말 한가했지요. 딱히 할 일이 없었던 군인들은 모여서 담배를 피우거나 폴로 경기(말을 타고 스틱으로 공을 쳐서 골을 넣는 놀이)를 하면서 시간을 보냈어요.

 그러나 처칠은 이때가 자신이 부족한 공부를 할 수 있는 절호의 기회라는 것을 깨달았어요. 그래서 하루 4~5권의 책을 읽으면서 미래의 정치가로서 교양을 쌓았지요.

 그러다 얼마 뒤 처칠은 인도의 국경 지대에서 전쟁이 일어났다는 소식을 듣고는 종군 기자로 자원했어요. 전쟁 속에서 여러 차례 죽음의 문턱을 넘나들면서도 그는 세상에 전쟁의 잔인함을 알리는 데 열정적이었어요. 그리고 이런 활동을 바탕으로 영국의 하원 의원에 당선되면서 정치가로서의 인생을 살게 되었지요.

 그 뒤 처칠은 통상 장관, 해군 장관 등을 지냈고 마침내 1940년에는 영국의 수상이 되었어요.

 처칠이 수상이 된 다음, 수상 비서실에서는 이런 이야기가 종종 흘러나왔어요.

"새 수상님은 정말 열정적이셔. 수상님이 오신 뒤에 나까지 눈코 뜰 새 없이 바빠졌다니까. 어디서 그런 기운이 나오시는지 모르겠어. 아무튼 같이 일하다 보면 나도 덩달아서 열심히 하게 돼."

"맞아, 지난번 의회에서 연설하신 내용은 정말 감동적이었어. '나에게는 피와 땀과 눈물 이외에는 내놓을 것이 아무것도 없습니다.'라고 하신 말씀 말이야. 멋지지? 전쟁 중인 이 영국에 꼭 필요한 훌륭한 분이 수상이 되신 것 같아."

"맞아, 전쟁에서 반드시 영국이 승리할 거야."

비서실뿐 아니라 처칠과 함께 일하는 많은 사람들은 처칠이 많은 나이에도 불구하고 의욕적으로 일하는 것을 보고 혀를 내두를 정도였어요.

처칠이 이렇게 열정적으로 일할 수 있었던 것은 일하는 중 틈틈이 적당하게 쉬는 시간을 가졌기 때문이었어요. 중요하거나 급한 일이 있다고 해서 무리하지는 않았어요. 그러다가 건강을 해치면 더 큰 손해라는 것을 잘 알았거든요. 특히 비행기나 자동차를 타고 이동하는 동안은 쉬는 시간으로 충분히 활용했지요.

처칠은 '앉아 있는 것이 서 있는 것보다 편하고, 누워 있는 것이 앉아 있는 것보다 편하다.'라는 좌우명을 항상 곁에 두고, 쉬는 시간을 잘 이용해 더 많은 일을 해낸 인물이었답니다.

적절히 휴식하기

 가장 집중이 잘 되는 시간 찾기

밤 늦게까지 공부하는 것이 더 좋은지, 아침 일찍 일어나서 공부하는 게 더 좋은지 생각해 보세요. 남들이 일찍 일어난다고 해서 무조건 따라하기보다는 자기에게 잘 맞는 시간을 찾는 게 좋지요.

집중이 가장 잘 되는 시간에 공부를 하면 다른 시간에 하는

것보다 효과가 더 크답니다.

내 몸에 맞는 방법으로 계획을 세워 쉬기

성공한 사람 중에는 낮잠을 즐긴 사람이 많아요. 발명왕 에디슨과 석유왕 존 록펠러, 김대중 전 대통령도 낮잠을 좋아했지요.

만약 잠이 많은 사람이라면 무리하게 잠자는 시간을 줄이기보다는, 깨어 있는 시간을 두 배로 활용하는 것이 현명해요. 또 공부를 할 때에도 너무 욕심을 내기보다는 잠깐씩 쉬는 게 더욱 효과적이랍니다. 다만 쉬는 것도 계획을 세워서 하면 시간 관리를 더욱 잘할 수 있어요.

5분의 소중함

5분조차 아끼려고 넥타이도 매지 않았던
공병우

공병우(公炳禹, 1906~1995)
안과 의사, 한글 타자기 발명가. 1938년 한국인 최초로 안과 전문 병원인 '공안과'를 열었다. 그리고 자신의 환자였던 한글학자 이극로를 통해 한글에 관심을 가진 뒤에는 한글의 기계화에 힘썼다. 이 밖에도 한글학회 이사를 지냈으며, 맹인 재활 센터를 설립하기도 했다. 1988년에는 한글 문화원을 설립해 한글의 글자꼴과 남북한 통일 자판 연구에 전념했으며, 세상을 떠난 뒤에도 자신의 몸을 연구에 기증해 나라와 민족에 헌신했다.

"여보, 오늘도 넥타이 안 매실 거예요?"

거울 앞에 서서 양복을 입고 있는 공병우 박사를 바라보던 아내가 물었어요.

"안 맨다니까 그래요. 어서 당신도 서둘러요."

"그래도 조카 결혼식인데 너무 하시는 거 아니에요?"

아내가 눈을 흘겼어요.

"넥타이 맬 시간이면 책을 두 쪽이나 읽을 수 있어요. 자, 나는 준비가 다 되었소. 나갑시다."

그렇게 말한 공병우는 빠른 걸음으로 주차장으로 내려갔어요. 아직 저녁이 되기 전이었지만, 겨울이라 벌써 밖은 어둑어둑해지고 있었어요.

"조카애가 당신 때문에 결혼식을 저녁에 잡았다고 하네요. 그건 알고 계신 거지요?"

차에 올라탄 아내가 여전히 볼멘소리로 말했어요.

"허, 그거 고맙구려."

"낮에 하는 결혼식은 당신이 참석도 안 하시니 그렇죠!"

"그게 어디 나만 좋자고 그러는 거겠소? 많은 사람들이 주말 낮이면 결혼식에 한 번 다녀오는 일로 하루를 다 버리게 되니, 그 시간이 너무 아까워서 그러지요. 젊을수록 시간을 더 아껴야 할 텐데, 요즘 젊은이들은 그걸 모르니 안타까울 뿐이요."

"네, 맞아요. 하긴 당신처럼 열심히 사시는 분께 제가 어떻게 뭐라고 할 수 있겠어요. 이제 다 왔네요. 어서 들어가요."

아내는 어느새 남편인 공병우의 마음을 이해했다는 듯 얼굴에 미소를 띠었답니다.

우리나라 최초로 안과 전문 병원인 '공안과'를 세운 공병우는 이처럼 시간을 무척이나 아낀 인물로도 유명해요. 시간을 얼마나 아꼈는지 자기와 약속한 사람이 5분만 늦어도 만나지 않고 그냥 돌려보낼 정도였어요.

공병우는 시간이 아까워서 넥타이를 잘 매지 않았고, 머리를 자를 때에도 5분을 넘기지 않았어요. 이발소에 가면 5분 안에 머리를 깎아 달라고 이발사를 닦달했답니다.

이 밖에도 시간을 아끼는 공병우의 행동은 너무 지나쳐 어떤 때에는 이상하게 보일 정도였어요. 그는 방을 드나드는 데 시간이 걸린다고 집에 문지방을 모두 없앴어요. 욕실에는 냉장고를 두고, 방 안에는 양변기를 두기도 했지요. 또 옷을 입는 데에 시간을 낭비할 수 없다면서 겹겹이 입어야 하는 한복은 입지

않았고, 양말목의 고무줄도 몽땅 잘라 버렸어요.

　방에는 사과 궤짝을 들여다 놓고 거기에 담요를 덮어 침대로 사용했어요. 그때는 침대를 사용하는 사람이 많지 않았어요. 하지만 공병우는 방바닥에서 자는 것보다는 침대에서 자는 것이 앉았다 일어났다 하는 데 드는 시간을 줄일 수 있다고 생각했지요.

　그는 이처럼 불필요한 시간은 어떻게든 아끼려고 했답니다. 평생 생일잔치 같은 것도 해 본 적이 없었지요.

　그렇다면 공병우는 왜 그토록 시간을 아꼈던 걸까요? 공병우는 일제강점기에 태어나 한국 전쟁을 겪은 세대였어요. 이 세대 사람들은 누구 할 것 없이 다 식민과 전쟁의 아픔을 딛고 새로 일어나기 위해 아주 열심히 노력했답니다.

　그렇게 해서 빠른 시간에 우리나라를 개발 도상국으로

 성장시킨 이 세대 사람들은 나라를 더욱 발전시키기 위해 계속 힘썼어요. 좀 더 부지런하고, 좀 더 절약하면 성공으로 한 발짝 더 가까이 갈 수 있었지요. 그래서 공병우 역시 아주 작은 시간이라도 쪼개서 더 공부하고, 더 연구했어요.
 공병우는 원래 안과 의사였지만 한글에도 큰 관심을 가졌어요. 그리고 세계화 시대에 우리나라가 더 발전하기 위해서는 한글을 기계화해 더욱 빠르고 편리하게 쓸 수 있게 해야 한다고 생각했지요. 그렇게 해서 한글 기계화 연구소를 세우게 되었답니다.
 공병우가 한글 기계화 연구소를 운영할 때의 일이에요.

"아니, 이거 누가 타이핑한 서류지요?"

공병우는 눈살을 찌푸리며 물었어요. 당시에는 타자기로 종이에 직접 글자를 쳐서 서류를 만들었어요.

"새로 온 직원이 한 것입니다만, 무슨 잘못이라도……."

직원은 뒷말을 흐렸어요. 직원이 보기에는 서류에 아무런 잘못도 없어 보였거든요.

"이거 아주 큰 잘못이 있네요!"

"네? 그게 뭔데요?"

직원은 당황해 물었어요.

"여기 제목에 이렇게 글자 간격을 띄우지 않았습니까? 보기 좋게 하려고 띄어쓰기를 하면 시간이 더 걸리잖아요. 보기 좋은 것보다는 시간을 아끼는 것이 더 중요합니다. 앞으로는 이렇게 하지 않도록 주의하세요."

"아, 네. 박사님."

직원은 아주 놀랐어요. 시간을 무척이나 아끼는 공병우의 소문은 익히 들었지만 이 정도로 철저한 줄은 몰랐거든요.

공병우가 세운 한글 기계화 연구소의 가장 큰 업적은 타자기나 컴퓨터에서 한글을 더 빠르고 편리하게 입력할 수 있고, 한글 고유의 특징을 잘 살린 외우기 쉬운 자판을 연

구한 것이에요. 그렇게 해 당시에 만들어 낸 타자기는 지금 우리들이 쓰는 것과는 조금 다른 세벌식 자판으로 되어 있었지요.

세벌식 자판은 한글의 창제 원리를 그대로 반영한 과학적인 자판이었어요. 초성과 중성, 종성, 이렇게 세 벌로 글자가 만들어지기 때문에 세벌식이라고 불렀지요. 우리가 지금 쓰고 있는 자판은 두벌식으로 자음과 모음, 이렇게 두 벌로 구성되어 있어요.

공병우의 의도대로 세벌식 타자기는 타자 속도가 빠르고, 자주 쓰이는 음소를 분석해 틀리는 글자도 적게 만든 아주 실용적이고 과학적인 발명품이었어요.

그러나 아쉽게도 우리나라에서는 세벌식의 글자 모양이 예쁘지 않다는 이유로 두벌식 타자기를 공식적으로 채택했지요. 이제 공병우의 타자기는 역사 속으로 사라지고 말았지만 지금도 이 과학적인 세벌씩 타자기를 복원하려는 사람들이 많이 있답니다.

이처럼 안과 의사로서, 그리고 한글 연구가로서 열정적인 삶을 산 공병우는 세상을 떠날 때까지 시간이 생명만큼 중요하다는 걸 강조했어요.

　"지금까지 나는 시간을 생명처럼 생각하며 살아왔다. 내가 한글의 기계화를 위해 이토록 노력한 중요한 이유 중 하나는 생명처럼 여기는 소중한 시간을 온 국민이 절약하면서 살도록 하기 위해서이다. 빠르게 변하는 시대에 기계를 사용하면 시간을 절약하고 빨리 발전할 수 있다. 그리고 결국 그것이 인간의 생명을 연장시키고 삶을 풍요롭게 해 줄 것이다."

　어떤 사람은 공병우의 한글에 대한 사랑과 한글 기계화에 대한 집념에 고집쟁이라는 별명을 붙이기도 했어요. 1965년 한국일보에는 '한국의 고집쟁이'라는 연재물이 있었는데 이승만, 최현배, 양주동에 이어 공병우도 6위로 끼어 있었지요.

　공병우의 이런 올곧은 정신과 고집은 한글의 기계화에 큰 도움이 되었고, 시간을 아끼고 그 시간을 활용해 사회와 국가에 의미 있는 일을 할 수 있다는 훌륭한 모범이 되었답니다.

짧은 시간 활용하기

5분 동안 할 수 있는 일 찾기

5분은 짧은 시간이지만 그동안 할 수 있는 일도 많아요. 5분이 모이고 모여 하루 24시간이 되는 것처럼, 5분은 아주 중요한 시간이지요.

5분 동안 신발 정리를 할 수도 있고, 친구에게 재미있는 이야기를 해 줄 수도 있어요. 지방에 계신 할머니와 할아버지에게 전화를 드릴 수도 있고요. 어떤가요? 5분의 짧은 시간

5분 동안 할 수 있는 일
- 신발 정리
- 할머니께 전화드리기
- 아버지 다리 주물러 드리기

도 알차게 사용할 수 있지요?

평생 동안 낭비하는 시간 계산하기

공병우 선생님이 시간을 아끼려고 한 일들은 좀 엉뚱해 보이기도 해요. 하지만 시간을 아주 소중히 여겼기 때문에 생긴 습관이었어요.

여러분의 하루를 꼼꼼히 살펴보세요. 휴대전화를 보거나 컴퓨터 게임을 하느라 그냥 흘려보낸 시간이 얼마나 되는지 말이에요. 또 그 시간을 평생 모으면 얼마나 되는지도 계산해 보세요. 아마 깜짝 놀라게 될 거예요!

- 내가 하루에 2시간을 낭비한다면 한 해 동안 낭비하는 시간은? 730시간(약 30일)

- 한 해에 730시간을 낭비하면 90세까지 살았을 때 낭비하는 시간은? 총 65,700시간(약 7년)

와, 정말 엄청나다. 5분이 왜 중요한지 이제 알겠어.

지금 이 순간을
충실하게

걱정하는 시간을 노력하는 시간으로 바꾼
데일 카네기

데일 카네기(Dale Carnegie, 1888~1955)
컨설턴트. 대학교를 졸업한 뒤 교사와 상품 판매원 등으로 일하면서 수많은 실패를 경험했다. 그 뒤 1912년 대화법과 연설 기술을 강연하면서 이름이 알려져 카네기 연구소를 세웠으며, 인간 경영과 자기 계발에 대한 연구를 계속해 나갔다. 그가 쓴 책 《카네기 인간 관계론》은 전 세계 사람들에게 지금까지 사랑받고 있다.

똑똑. 누군가 데일 카네기의 상담실 문을 두드렸어요. 카네기가 문을 여니 두 눈에 눈물이 가득 고인 한 남자가 서 있었어요.

"어서 오세요. 무슨 일로 오셨나요?"

상담실로 들어온 남자는 자리에 앉아서도 한참 동안 말문을 열지 못했어요. 카네기는 남자가 말을 할 수 있도록 조용히 기다려 주었지요. 그를 찾아오는 사람들은 거의 대부분 걱정이 너무 많아 쉽게 말을 꺼내지 못했거든요.

고개를 푹 숙인 남자는 한참이 지나서야 입을 열었어요.

"1년 전 저는 다섯 살 난 딸아이를 잃었어요. 그때는 너무 슬퍼서 제대로 먹지도 자지도 못했지요. 그런데 다행스럽게도 아내가 다시 아이를 갖게 되었어요. 저는 새로 태어난 그 아이에게 최선을 다했어요. 그런데……."

남자는 다시 말을 멈추었어요.

"그 아이가 한 살도 채우지 못하고, 지난달 세상을 떠났답니다."

잠시 침묵이 흘렀어요. 연거푸 계속된 그 남자의 불행한 일을 들은 카네기는 잠시 할 말을 잃었어요.

"저는 이제 더 이상 아무것도 할 수 없어요. 물론 병원에도 가 보았지요. 어떤 의사는 제게 수면제를 처방해 주었고, 여행을 떠나 보라는 의사도 있었어요. 하지만 모든 게 소용없었어요. 왜 제게 이런 불행이 닥치는지……. 저는 이번이 정말 마지막이라는 마음으로 선생님을 찾아온 거랍니다."

그제야 남자는 고개를 들었어요. 남자의 얼굴은 마르고 거칠었어요. 그리고 세상 모든 걱정을 다 떠안은 듯한 표정이었지요.

"정말 힘드셨겠군요. 아이를 잃는다는 것은 그 무엇과도 비교할 수 없는 고통이지요."

"맞아요. 그래서 저

는 여전히 아무것도 할 수 없어요. 그 아이의 얼굴이 떠올라서……."

남자는 다시 고개를 푹 숙였어요.

"혹시 다른 아이는 없으신가요?"

"다섯 살 된 아들아이가 있어요. 그 애에게는 늘 미안하지요. 제가 매일 고통스러워 하느라 아무것도 해 준 게 없거든요."

"그럼, 이번 주에는 그 아이가 바라는 일을 함께 해 보시는 건 어떨까요?"

"네? 제가 이렇게 지쳐 있는데 그 아이를 돌보라고요? 아까도 말씀드렸듯이 저는 손가락 하나도 꼼짝할 수가 없어요. 여기 오는 것도 간신히, 아주 간신히 온 거라고요."

남자는 불만스럽다는 듯 퉁명한 목소리로 대답했어요.

"네, 저도 잘 압니다. 하지만 아이와 자기 스스로를 위해서 일주일 동안 딱 한 번만이라도 무엇인가를 해 보세요. 그리고 다음 주에 다시 이야기를 나누는 게 좋겠어요."

카네기가 이렇게 말하자 남자는 미심쩍다는 듯한 표정으로 상담실을 떠났어요.

그리고 일주일이 지났어요. 그 남자가 다시 찾아왔어요.

"일주일 동안 잘 지내셨어요? 아이와 어떤 일을 해 보셨나요?"

"네. 엊그제 아이가 블럭 장난감을 가지고 와서 배를 만들어 달라고 하더군요. 예전 같으면 아이에게 짜증을 내고 말았겠지만, 이번에는 선생님이 하신 말씀이 생각났어요. 그래서 아이와 함께 배를 만들었어요. 세 시간이나 걸렸지요. 그런데 좀 이상한 게 있었어요."

남자는 약간 들뜬 표정으로 말했어요.

"무엇이 이상하던가요?"

"배가 다 완성되자 저는 요 몇 달 사이에 처음으로 마음이 편안해지는 걸 느꼈어요. 고통스러운 생각 없이 배를 만드는 데에만 집중한 거예요. 정말 모든 걸 잊고 말이에요. 그리고 몇 달 만에 처음 아이에게 미소를 지어 보였어요. 아이가 얼마나 좋아하던지……."

남자는 말을 마치지 못하고 눈물을 흘렸어요. 카네기가 남자의 어깨를 쓰다듬었어요.

"그래요. 무언가 바쁜 일을 하면 걱정거리를 쉽게 잊을 수 있어요. 아이와 함께 하는 것 말고도 집안에 해야 할 일이 많을 거예요. 오늘부터는 집에서 할 일을 찾아보세요.

 철 지난 옷을 정리해도 좋고, 막힌 수도관이나 덜그럭거리는 문 손잡이를 고쳐도 좋아요. 물때가 껴 있는 욕조를 청소해도 되고요.

 자기 손길을 필요로 하는 소소한 일들을 하다 보면 고통스런 마음에서 좀 벗어날 수 있을 거예요. 영국의 정치가인 처칠 수상도 말했지요. 너무 바쁘면 걱정할 시간이 없다고요. 걱정하는 시간을 다른 일에 노력하는 시간으로 바꾸어 보세요."

 "네. 잘 알겠습니다. 그동안 저는 슬펐던 일에만 너무 매달려 있었던 것 같아요. 선생님 말씀대로 해 볼게요."

그제야 남자는 환하게 웃었어요. 그리고 가벼운 발걸음으로 집으로 돌아갔지요.

카네기는 이처럼 평생토록 다른 사람에게 훌륭한 조언과 희망을 주어 존경받았답니다. 하지만 어려움을 겪는 수많은 사람들을 도와주었던 카네기 역시 사회 초년생이었을 때는 어려움이 많았어요.

카네기는 대학을 졸업한 뒤에 교사와 상품 판매원 등 직업을 여러 번 바꾸면서 생활비를 벌었어요. 그러나 생활은 늘 어려웠고, 그동안 해 왔던 어떤 일도 자신의 적성에 딱 맞지는 않는다는 생각이 들었어요. 그러면서 '성공한 사람들은 그렇지 못한 사람들과 어떤 면에서 다른 것일까?'를 고민하기 시작했어요.

그리고 카네기는 성공한 사람들 중 15퍼센트 정도는 자신의 실력으로 된 것이지만, 나머지 85퍼센트 정도는 다른 사람을 움직이는 능력 때문에 성공하게 되었다는 것을 깨닫게 되었어요.

하지만 당시에는 다른 사람들과의 관계, 그러니까 어떻게 사람들을 사귀고 이해하는지, 어떻게 사람들이 자신을

좋아하게 만드는지, 또 상대방을 어떻게 설득할 수 있는지에 대해 조언을 해 주는 사람이 없었어요. 그것에 대해 쓴 책도 없었지요.

카네기는 사람을 움직이는 능력에 대한 연구를 계속했어요. 또 대화법이라든가, 인간 관계, 자기 관리 등과 관련된 강연도 열어 사람들에게 폭발적인 인기를 끌게 되었답니다.

YMCA(기독교 사회 운동 단체) 강연장에서 카네기의 강연이 열리면 수많은 사람들이 모여들었어요. 강연을 듣고 나오는 사람들의 표정은 하나같이 밝고 자신감에 넘쳤지요.

"정말 속이 후련해지는 것 같아. 그동안 내가 왜 친구 사

귀기가 힘들었는지 이제 알겠어."

"나는 상대방의 잘못을 너무 많이 지적하지 말라는 말씀이 좋았어. 누구나 잘못보다는 칭찬해 주는 걸 더 좋아하잖아. 오늘부터 당장 실천해야지."

사람들은 이렇게 이야기를 나누면서 보다 나은 자신의 삶을 꿈꾸며 집으로 돌아갔어요. 카네기는 뿌듯했지요.

'내 강연이 많은 사람들을 행복하게 한다니 정말 즐거워. 또 이 일이 내 적성에 가장 잘 맞으니 참 행복해.'

그때 강연장에 마지막으로 남아 있던 한 사람이 카네기에게 다가왔어요.

"선생님, 강연 정말 잘 들었습니다. 그런데 가만 살펴보니 선생님이 청중들보다 더 행복해지신 것 같아요. 이유가 뭔가요?"

"간단합니다. 행복한 일을 생각하면 행복해져요. 반대로 비참한 일을 생각하면 비참해지지요. 병만 생각하면 병들고, 실패만 생각하면 실패하기 쉬워요. 그러니 행복한 일만 생각하세요. 저는 여러분이 제 강연을 듣고 행복해진 모습을 생각하고 있었답니다."

"하지만 자꾸 안 좋은 생각이 떠오르면 어쩌죠? 제가 얼마 전에 회사에 취직을 하기 위해 시험을 봤거든요. 그런데 아무래도 떨어질 것 같은 생각이 들어서 괴로워요."

그러자 카네기는 빙긋 웃으며 이렇게 조언했어요.

"오늘에 충실하세요. 취직 시험에서 떨어질지도 모른다는 생각을 하면서 불행하게 하루를 보낼 건가요? 시험은 붙을 수도 있고 떨어질 수도 있어요. 만일 떨어지면 그때 다른 방법을 찾으면 됩니다. 아직 일어나지 않은 일로 고민하며 시간을 보내지는 마세요. 차라리 그 시간에 공부를 하는 게 더 좋을 겁니다."

오늘 하루에 충실하기

🧑‍🏫 오늘에 충실해지는 목표 세우기

지금 여러분이 무엇을 위해 그 일을 하는지를 잊지 말아야 해요. 막연히 '열심히 하다 보면 되겠지' 하는 태도는 목표가 분명하지 않기 때문에 우왕좌왕하다 시간만 낭비할 수 있어요. 시간을 낭비하지 않으려면 목표를 분명히 세워야 해요.

목표가 분명하면 오늘을 충실하게 보낼 계획을 세우기가 더 쉽거든요.

나는 무엇을 위해서 지금 이것을 하는 걸까?

중요하지 않은 일 포기하기

꼭 필요한 일이 아닌데도 분위기에 휩쓸려서 하거나, 친구들이 부탁한다고 하기 싫은 일을 무조건 하지는 않아도 돼요. 시간은 한정되어 있기 때문에 많은 일 중에서 어떤 일을 할지 결정하는 것은 매우 중요하지요.

그럴 때는 앞에 놓인 여러 가지 일 중에서 무엇이 중요한지 순서를 매겨 보세요. 그리고 그 순서대로 진행하면 시간을 훨씬 효율적으로 사용할 수 있어요.

시간의 중요성에 대한 명언

한 번 가면 다시 돌아오지 않는 시간을 소중하게 여겨야 한다는 건 누구나 잘 알고 있을 거예요. 하지만 그 사실을 쉽게 잊기도 하지요. 시간에 관한 명언을 수첩에 적어 두거나 일기장 맨 앞에 써 두고 자주 읽어 본다면 시간을 소중히 여겨야겠다는 마음가짐을 항상 간직할 수 있어요.
세계의 여러 위인들은 시간에 대해 어떻게 말했는지 모아 봤어요.

- 하루의 가장 달콤한 순간은 새벽에 있다.
  스티븐 윌콕스(미국의 기계 기술자)

- 하루하루를 우리의 마지막 날인 듯이 보내야 한다.
  푸블릴리우스 시루스(로마 시대의 시인)

- 시간과 정성을 들이지 않고 얻을 수 있는 결실은 없다.
  발타사르 그라시안(에스파냐의 철학자)

- 시간을 지배할 줄 아는 사람은 인생을 지배할 줄 아는 사람이다.
  에센 바흐(중세 독일의 시인)

- 오늘 할 수 있는 일을 내일까지 미루지 말라.
  필립 체스터필드(영국의 정치가)

- 짧은 인생은 시간 낭비로 더욱 짧아진다.
  사무엘 존슨(영국의 시인)

- 짬을 이용하지 못하는 사람은 항상 짬이 없다.
  유럽의 속담

- 나는 미래의 일을 절대로 생각하지 않는다. 그것은 틀림없이 곧 오게 될 테니까.
  알베르트 아인슈타인(독일의 물리학자)

- 오늘이 두 번 다시 오지 않는다는 것을 잊지 말라.
  알리기에리 단테(이탈리아의 시인)

● 계획이란 미래를 위한 현재의 결정이다.
　　피터 드러커(미국의 경영학자)

● 사람은 돈을 시간보다 중요하게 여기지만,
　돈 때문에 잃어버린 시간은 돈으로 다시 살 수 없다.
　　유태 격언

● 승리하는 사람은 시간을 관리하며 살고,
　실패하는 사람은 시간에 끌려 가며 산다.
　　시드니 J. 해리스(영국의 저널리스트)

시간을 관리하는
10년·1년·하루 계획표 만들기

시간을 관리하기 위해서는 가장 먼저 시간을 어떻게 사용할지 계획을 세워야 하겠지요? 하루 동안 할 일을 시간별로 계획한 하루 계획표도 있지만 1년 동안의 계획을 세우는 1년 계획표, 더 멀게 10년 계획표를 만들어 봐도 좋아요. 계획표를 보면 할 일이 한눈에 보이고, 목표도 정리가 되기 때문에 더 효과적으로 시간을 사용할 수 있지요. 자, 그러면 효과적인 계획표를 만드는 방법을 배워 봐요.

10년 계획표 만들기

10년 뒤, 여러분의 모습을 충분히 생각해 보세요. 그때 여러분은 대학생이 되어 있을 수도 있고, 좋아하는 일을 즐겁게 하고 있을 수도 있어요. 10년 뒤에 꿈꾸는 자기 모습을 위해 해야 할 일을 1년 단위로 적어 보는 거예요.

만일 '스무 살이 되면 내 그림으로 전시회를 열겠다.'라고

목표를 정했다면 그것을 위해 올해는 무엇을 해야 할지, 내년에는 무엇을 해야 할지 해마다 할 일을 구체적으로 써 보는 거예요. 계획표를 10칸으로 나누어 한 해, 한 해 꼼꼼히 적어 보세요. 그리고 계획을 세운 날짜도 꼭 적어 두세요.

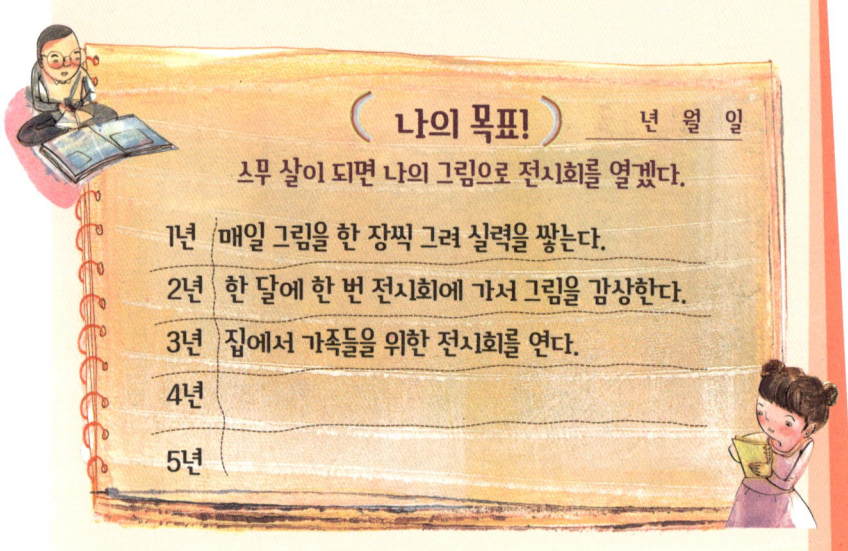

나의 목표! ____년 ___월 ___일

스무 살이 되면 나의 그림으로 전시회를 열겠다.

1년 | 매일 그림을 한 장씩 그려 실력을 쌓는다.
2년 | 한 달에 한 번 전시회에 가서 그림을 감상한다.
3년 | 집에서 가족들을 위한 전시회를 연다.
4년 |
5년 |

1년 계획표 만들기

10년 뒤 여러분의 미래를 위해 올 한 해 동안 꼭 이루고 싶은 목표를 정해 보세요. 그리고 목표를 이루는 데 있어서

여러분의 실력이 부족한 부분은 어디인지, 그것을 어떻게 극복할지 아주 자세하게 계획을 세우는 거예요.

만일 영어 실력이 부족하다면 매일 영어 1시간 듣기, 수학 실력이 부족하다면 매일 수학 문제 5개 풀기 등 공부할 내용이나 시간을 최대한 자세하게 적는 거예요.

요즘은 시간 관리를 도와주는 다양한 수첩이나 스마트폰 앱이 나와 있으니 활용해 보아도 좋을 거예요. 참, 잊지 말아야 할 것이 있어요. 계획표대로 잘 실천하고 있는지 확인할 수 있는 칸을 꼭 만들어야 한답니다!

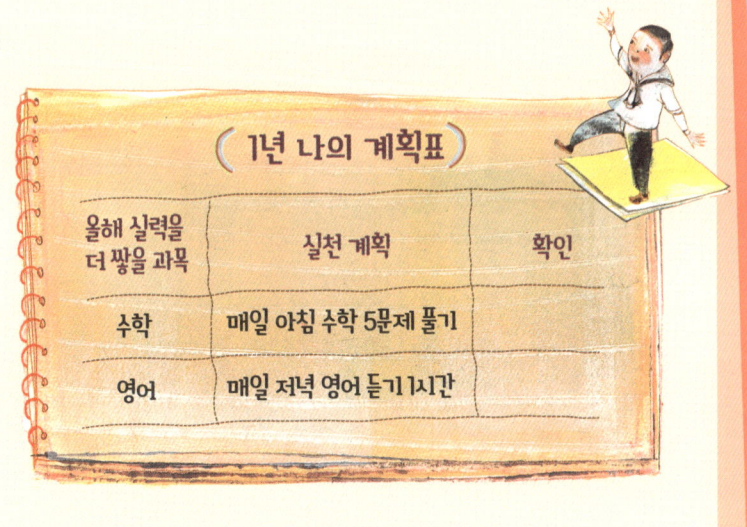

1년 나의 계획표

올해 실력을 더 쌓을 과목	실천 계획	확인
수학	매일 아침 수학 5문제 풀기	
영어	매일 저녁 영어 듣기 1시간	

하루 계획표 만들기

1년 동안 꼭 이루고 싶은 목표를 세우고 나면, 그 목표를 바탕으로 하루 계획표를 짜 보세요. 하루 계획표를 짜면 24시간을 더 충실하게 쓸 수 있어요.

하루 계획표

아침	7시	일어나기
	7시 30분	아침식사
	8시	학교 가기
	8시 30분	학교 도착
	9시	책 20쪽 읽기
	9시 10분	학교 수업
오후	3시 30분	줄넘기
	4시	집에 와서 깨끗하게 씻기
	6시	학원 가기
	7시 30분	저녁식사
	8시 30분	게임(놀기)
	9시 40분	잠자리에 들기

앞에서 본 것과 같이 계획은 아주 자세하게 세우는 것이 좋아요. 30분이나 1시간 단위로요. 매일매일은 별로 다르지 않은 하루처럼 느껴질지 모르지만 계획을 세우면 그렇지 않은 사람보다 효율적으로 시간을 쓸 수 있어요.

또 이것이 습관이 되면 누가 시키지 않아도 자기 스스로 학습 계획을 잡고 실천하는 똑똑한 시간 관리자가 될 수 있답니다.

하루 계획표를 세울 때에는 1년의 목표와 함께 10년의 목표를 다시 한번 떠올리는 것도 잊지 마세요.

계획표를 짜고 나면
눈에 잘 띄는 곳에 꼭 붙여 두세요!

단단한 어린이가 되는 주니어 자기계발 시리즈 ❸

초등학생 때 배워 평생 써먹는 시간 관리법

초판 1쇄 발행 2024년 8월 25일

지은이 박은교
그린이 송향란

펴낸이 이혜경
펴낸곳 니케북스
출판등록 2014. 4. 7 | 제 300-2014-102호
주소 서울시 종로구 새문안로 92 광화문 오피시아 1717호
전화 (02)735-9515 | **팩스** (02)6499-9518
전자우편 nikebooks@naver.com
블로그 blog.naver.com/nikebooks
페이스북 facebook.com/nikebooks
인스타그램 (니케북스) @nike_books (니케주니어) @nikebooks_junior

ⓒ 니케북스, 박은교 2024

ISBN 978-89-98062-79-8 74190
ISBN 978-89-98062-82-8 74190(세트)

니케주니어는 니케북스의 아동·청소년 브랜드입니다.

책값은 뒤표지에 있습니다.
잘못된 책은 구입한 서점에서 바꿔 드립니다.